# Ілюстрований розмовник українсько-німецький для носіїв української мови

---

# Illustrierter Sprachführer Ukrainisch-Deutsch für ukrainische Muttersprachler



JOURIST

## MP3-Audiokurse und PDF-Dokumente

Sie finden den MP3-Audiokurs sowie die dazugehörige PDF-Datei mit allen Wörtern und Wendungen in Deutsch und in Ukrainisch unter dem Link:
**http://de.jourist.com/isdf**

## Аудіокурси у форматі MP3 та документи у форматі PDF

Аудіокурс у форматі MP3 та відповідний PDF-файл з усіма словами та фразами німецькою та українською ви знайдете за посиланням:
**http://de.jourist.com/isdf**

**Autor:** Igor Jourist
**Illustrationen, Texte und Gesamtherstellung:** Jourist Verlags GmbH, Hamburg



ISBN 978-3-89894-760-2

JOURIST

www.jourist.de

# Незамінний для повсякденного спілкування та вивчення німецької мови

За допомогою ілюстрованого розмовника можна без знання мови висловити подяку, відвезти машину в майстерню або зробити замовлення в ресторані. Всього зібрано понад 2000 фраз і слів, які чітко розподілені за такими темами: спілкування, їжа та напої, здоров'я та гігієна, спорт та відпочинок, подорожі, час та погода.
Візуальне навчання полягає в тому, що пам'ять працює краще, коли людина бачить картинку. Це полегшує запам'ятовування лексики та фраз у довгостроковій перспективі. Фонетична транскрипція всіх німецьких слів і фраз також допоможе вам відпрацювати правильну вимову. Прослуховування змісту також необхідне для успішного вивчення німецької мови. Аудіокурс «Українська – Німецька мова» у форматі MP3, який ідеально доповнює книгу, можна завантажити за посиланням. Словник в алфавітному порядку із посиланнями на сторінки ви знайдете у вказівнику. А якщо ви ще не вивчили термін, просто покажіть співрозмовнику відповідну ілюстрацію – ви впораєтеся з будь-якою ситуацією!

# Unentbehrlich für die alltägliche Kommunikation und für das Erlernen der deutschen Sprache

Mit dem illustrierten Sprachführer können Sie ohne Sprachkenntnisse Dankbarkeit ausdrücken, ein Auto in die Werkstatt bringen oder im Restaurant bestellen. Insgesamt sind über 2000 Redewendungen und Wörter enthalten, übersichtlich sortiert nach Themenbereichen wie Kommunikation, Essen und Trinken, Gesundheit und Hygiene, Sport und Freizeit, Reisen, Zeitangaben und Wetter.
Das visuelle Lernen stützt sich auf die Tatsache, dass das menschliche Gedächtnis besser funktioniert, wenn es ein Bild vor Augen hat. So kann man sich die Vokabeln und Sätze leichter merken und langfristig einprägen. Die Lautschrift zu allen deutschen Wörtern und Wendungen hilf Ihnen zusätzlich, die korrekte Aussprache zu trainieren. Ebenso unverzichtbar für das erfolgreiche Deutsch-Lernen ist das Anhören der Inhalte. Der auf das Buch perfekt abgestimmte Audiokurs Ukrainisch – Deutsch in MP3 kann unter dem angegebenen Link heruntergeladen werden. Den alphabetisch geordneten Wortschatz mit Seitenangaben finden Sie im Wörterverzeichnis. Und sollten Sie einen Begriff noch nicht gelernt haben, so können Sie Ihrem Gegenüber einfach die passende Abbildung zeigen – so kommen Sie in jeder Situation zurecht!

# Verwendete Lautschriftzeichen mit Beispielen

## Vokale

[a] hat [hat], Adapter [aˈdaptɐ]
[aː] haben [ˈhaːbən], Ja [jaː], Tag [taːk]
[ɐ] Wasser [ˈvasɐ], Feuer [ˈfɔɪ̯ɐ]
[ɐ̯] wir [viːɐ̯], hier [hiːɐ̯]
[ãː] Croissant [kʀo̯aˈsãː], Restaurant [ʀɛstoˈʀãː]
[eː] gehen [ˈgeːən], Fernseher [ˈfɛʁnˌzeːɐ], Makrele [ˌmaˈkʀeːlə]
[ɛ] Äpfel [ˈɛpfəl], Erbsen [ˈɛʁpsn̩]
[ɛː] später [ˈʃpɛːtɐ], Fähre [ˈfɛːʀə]
[ə] bitte [ˈbɪtə], Gepäck [gəˈpɛk]
[i] Paprika [ˈpapʁika], Provision [ˌpʀoviˈzi̯oːn]
[iː] Spiegel [ˈʃpiːgl̩], viele [ˈfiːlə]
[ɪ] mit [mɪt], bitte [ˈbɪtə]
[o] Provision [ˌpʀoviˈzi̯oːn], Euro [ˈɔɪ̯ʀo]
[oː] Monat [ˈmoːnat], Ofen [ˈoːfn̩]
[ɔ] Ordnung [ˈɔʁdnʊŋ], Euro [ˈɔɪ̯ʀo]
[øː] stören [ˈʃtøːʀən], König [ˈkøːnɪç]
[œ] Löffel [ˈlœfl̩], Röntgen [ˈrœntgn̩]
[uː] Flug [fluːk], Huhn [huːn]
[ʊ] Stunde [ˈʃtʊndə], Gurke [ˈgʊrkə]
[yː] Gefühl [gəˈfyːl], Flügel [ˈflyːgl̩]
[ʏ] drücken [ˈdrʏkn̩], fünf [fʏnf]

## Doppelvokale Diphthonge

[aɪ̯] nein [naɪ̯n], Eingang [ˈaɪ̯nˌgaŋ]
[aʊ̯] Ausgang [ˈaʊ̯sgaŋ], Haus [haʊ̯s]
[ɔɪ̯] Heute [ˈhɔɪ̯tə], Beule [ˈbɔɪ̯lə]
[ɛɪ̯] Cocktail [ˈkɔktɛɪ̯l], E-Mail [ˈiːˌmɛɪ̯l]

## Konsonanten

[ʔ] (Knacklaut) Postamt [ˈpɔstˌʔamt], geöffnet [gəˈʔœfnət]
[b] bitte [ˈbɪtə], Bank [baŋk]
[ç] nicht [nɪçt], mich [ˈmɪç], Licht [lɪçt]
[d] wieder [ˈviːdɐ], denn [ˈdɛn]
[f] verstehen [fɛɐ̯ˈʃteːən], Familie [ˌfaˈmiːli̯ə]
[g] Gemüse [ˌgəˈmyːzə], Joghurt [ˈjoːgʊrt]
[h] Hotel [hoˈtɛl], heute [ˈhɔɪ̯tə]
[j] ja [jaː], Januar [ˈjanu̯aːɐ̯]
[k] Kabine [kaˈbiːnə], Bank [baŋk]
[l] Frühling [ˈfʀyːlɪŋ], links [lɪŋks]
[l̩] Nebel [ˈneːbl̩], Spiegel [ˈʃpiːgl̩]
[m] Mais [maɪ̯s], Sommer [ˈzɔmɐ]
[n] nein [naɪ̯n], wann [van]
[n̩] Abend [ˈaːbn̩t], rufen [ˈʀuːfn̩]
[ŋ] Eingang [ˈaɪ̯nˌgaŋ], lang [laŋ]
[p] passen [ˈpasən], Apotheke [ˌapoˈteːkə]
[ʀ] Reisen [ˈʀaɪ̯zn̩], Regen [ˈʀeːgn̩]
[ʁ] Ordnung [ˈɔʁdnʊŋ], morgen [ˈmɔʁgn̩]
[s] was [vas], Bus [bʊs], groß [gʀoːs]
[ʃ] schauen [ˈʃaʊ̯ən], Student [ʃtuˈdɛnt], Ketchup [ˈkɛʧap]
[t] Tasse [ˈtasə], Pfund [pfʊnt], bitte [ˈbɪtə]
[ʦ] ziehen [ˈʦiːən], Zeit [ʦaɪ̯t]
[ʧ] Chips [ˈʧɪps], Dolmetscher [ˈdɔlmɛʧɐ]
[v] was [vas], Aquamarin [akvamaˈʀiːn], Reservierung [ʀezɛʁˈviːʀʊŋ]
[χ] nach [naːχ], buchen [ˈbuːχn̩]
[z] soll [zɔl], Sonne [ˈzɔnə]
[ʒ] Ingenieur [ˌɪnʒeˈni̯øːɐ̯], Massage [maˈsaːʒə]
[ʤ] Manager [ˈmɛnɪʤɐ], Jeans [ʤiːns]

## Weitere Symbole

[ː] langer Vokal
[ˈ] Hauptakzent
[ˌ] Nebenakzent

# ЗМІСТ INHALT

# ЗМІСТ

# Buchstabieralphabet

A [aː] .......... Anton
Ä [ɛ] ........... Ärger
B [beː] ......... Berta
C [tseː]......... Cäsar
D [deː] ......... Dora
E [eː] .......... Emil
F [ɛfː].......... Friedrich
G [geː] ......... Gustav
H [haː] ......... Heinrich
I [iː] ........... Ida
J [jɔt] .......... Julius
K [kaː] ......... Kaufmann
L [ɛl]........... Ludwig
M [ɛm].......... Martha
N [ɛn] .......... Nordpol
O [oː] .......... Otto
Ö [ø]............ Ökonom
P [peː] ......... Paula
Q [kuː] ......... Quelle
R [ɛr]........... Richard
S [ɛs] .......... Siegfried
ß [ɛsˈt͜sɛt]....... Eszett
T [teː].......... Theodor
U [uː] .......... Ulrich
Ü [yː]........... Übermut
V [fau] ......... Viktor
W [veː] ......... Wilhelm
X [iks].......... Xanthippe
Y [ˈʏpsilɔn]...... Ypsilon
Z [tsɛt] ......... Zacharias

# ЗАГАЛЬНІ ФРАЗИ
# GRUNDLAGEN

## Фрази першої необхідності - *Wichtigste Redewendungen*

**Щиро дякую.**
Vielen Dank.
[ˈfiːlən daŋk]

**Будь ласка. (у відповідь)**
Nichts zu danken.
[nɪçʦ ʦuː ˈdaŋkən]

**Так.**
Ja.
[jaː]

**Ні.**
Nein.
[naɪ̯n]

**Будь ласка.**
Bitte.
[ˈbɪtə]

**Розумію.**
Ich verstehe.
[ɪç fɛɐ̯ˈʃteːə]

**Не розумію.**
Ich verstehe nicht.
[ɪç fɛɐ̯ˈʃteːə nɪçt]

**Нічого страшного.**
Das ist in Ordnung.
[das ɪst ɪn ˈɔʁdnʊŋ]

**Скільки?**
Wie viel?
[viː fiːl]

**Як довго?**
Wie lange?
[viː ˈlaŋə]

**Як далеко?**
Wie weit?
[viː vaɪ̯t]

**Кого спитати?**
Wen soll ich fragen?
[ve:n zɔl ɪç 'fʀa:gn̩]

**Після вас.**
Nach Ihnen.
[na:χ 'i:nən]

**Де тут найближчий готель?**
Wo ist das nächste Hotel?
[vo: ɪst das 'nɛ:çstə ho'tɛl]

**Де тут найближчий ресторан?**
Wo ist das nächste Restaurant?
[vo: ɪst das 'nɛ:çstə ʀɛsto'ʀã:]

**Де тут найближчий супермаркет?**
Wo ist der nächste Supermarkt?
[vo: ɪst de:ɐ̯ 'nɛ:çstə 'zu:pɐˌmaʁkt]

**Де тут найближчий банк?**
Wo ist die nächste Bank?
[vo: ɪst di: 'nɛ:çstə baŋk]

**Де тут найближча аптека?**
Wo ist die nächste Apotheke?
[vo: ɪst di: 'nɛ:çstə ˌapo'te:kə]

**Де тут найближчий вокзал?**
Wo ist der nächste Bahnhof?
[vo: ɪst de:ɐ̯ 'nɛ:çstə 'ba:nˌho:f]

**Де туалет?**
Wo ist die Toilette?
[voː ɪst diː ˌto̯aˈlɛtə]

**Хто?**
Wer?
[veːɐ̯]

**Чому?**
Warum?
[vaˈʀʊm]

**Що?**
Was?
[vas]

**Коли?**
Wann?
[van]

**Подивись(подивіться)!**
Schauen Sie mal!
[ˈʃaʊ̯ən ziː maːl]

## Фрази першої необхідності (Корисні слова)

| | |
|---|---|
| **вхід** | Eingang [ˈaɪ̯nˌɡaŋ] |
| **вихід** | Ausgang [ˈaʊ̯sɡaŋ] |
| **пожежний вихід** | Notausgang [ˈnoːtʔaʊ̯sˌɡaŋ] |
| **Не палити!** | Rauchen verboten [ˈʀaʊ̯χn̩ fɛɐ̯ˈboːtn̩] |
| **до себе** | Ziehen [ˈʦiːən] |
| **від себе** | Drücken [ˈdʀʏkn̩] |
| **Ж** | Damen [ˈdaːmən] |
| **Ч** | Herren [ˈhɛʀən] |
| **я** | ich [ɪç] |
| **ти** | du [duː] |
| **Ви** | Sie [ziː] |
| **ви** | ihr [iːɐ̯] |
| **ми** | wir [viːɐ̯] |
| **він** | er [eːɐ̯] |
| **вона** | sie [ziː] |
| **воно** | es [ɛs] |
| **вони** | sie [ziː] |

**Доброго дня.**
Guten Tag.
[gu:tn̩ ta:k]

**Привіт!**
Hallo!
[ha'lo:]

**Добрий вечір.**
Guten Abend.
[gu:tn̩ 'a:bn̩t]

**Доброго ранку.**
Guten Morgen.
[gu:tn̩ 'mɔʁgn̩]

**Як справи?**
Wie geht's?
[ˌvi: 'ge:ʦ]

**Як успіхи?**
Wie geht es Ihnen?
[vi: ge:t ɛs 'i:nən]

**Приємно познайомитися.**
Es freut mich, Sie kennen zu lernen.
[ɛs fʁɔ͜ɪt mɪç zi: 'kɛnən ʦu: 'lɛʁnən]

**Прощання** - *Sich verabschieden*

**До побачення.**
Auf Wiedersehen.
[au̯f ˈviːdeˌzeːən]

**На добраніч.**
Gute Nacht.
[ˈguːtə naχt]

**Побачимось.**
Bis später.
[bɪs ˈʃpɛːtɐ]

**Побачимось завтра.**
Bis morgen.
[bɪs ˈmɔʁgn̩]

**Ось моя візитна картка.**
Hier ist meine Visitenkarte.
[hiːɐ̯ ɪst ˈmaɪ̯nə viˈziːtn̩ˌkaʁtə]

**Щасливо.**
Passen Sie auf sich auf.
[ˈpasən ziː au̯f zɪç sɪç au̯f]

**Ось мій телефон.**
Hier ist meine Telefonnummer.
[hiːɐ̯ ɪst ˈmaɪ̯nə teleˈfoːnˌnʊmɐ]

**Ось мій факс.**
Hier ist meine Faxnummer.
[hiːɐ̯ ɪst ˈmaɪ̯nə ˈfaksˌnʊmɐ]

**Ось моя поштова адреса.**
Hier ist meine Anschrift.
[hiːɐ̯ ɪst ˈmaɪ̯nə ˈanʃʀɪft]

**Ось моя електронна адреса.**
Hier ist meine E-Mail-Adresse.
[hiːɐ̯ ɪst ˈmaɪ̯nə ˈiːmeɪ̯lʔaˌdʀɛsə]

**Чи не хочете піти зі мною?**
Möchten Sie mit mir mitkommen?
['mœçtn̩ ziː mɪt miːɐ̯ 'mɪtˌkɔmən]

**Ви вільні сьогодні ввечері?**
Haben Sie heute Abend Zeit?
['haːbən ziː 'hɔɪ̯tə 'aːbn̩t tsaɪ̯t]

**Які у вас плани на сьогодні?**
Was machen Sie heute?
[vas 'maχn̩ ziː 'hɔɪ̯tə]

**Ви вільні завтра?**
Haben Sie morgen Zeit?
['haːbən ziː 'mɔʁgŋ̍ tsaɪ̯t]

**Чи не хочете піти потанцювати?**
Möchten Sie tanzen gehen?
['mœçtn̩ ziː 'tantsn̩ 'geːən]

**Давайте зустрінемось в фойє.**
Wollen wir uns in der Empfangshalle treffen!
['vɔlən viːɐ̯ ʊns ɪn deːɐ̯ ɛm'pfaŋsˌhalə 'tʀɛfn̩]

**Запрошення** - *Einladung*

**Чи не хочете прогулятися?**
Möchten Sie einen Spaziergang machen?
['mœçtn̩ ziː 'aɪ̯nən ʃpa'tsiːɐ̯ˌgaŋ 'maχn̩]

**Чи не хочете пройтись по крамницях?**
Möchten Sie einkaufen gehen?
['mœçtn̩ ziː 'aɪ̯nˌkaʊ̯fn̩ 'geːən]

**Чи не хочете вийти перекусити?**
Möchten Sie essen gehen?
['mœçtn̩ ziː 'ɛsn̩ 'geːən]

**Чи не хочете чогось випити?**
Möchten Sie etwas trinken gehen?
['mœçtn̩ ziː 'ɛtvas 'tʀɪŋkn̩ 'geːən]

**Запрошую Вас на чарочку.**
Ich lade Sie auf ein Getränk ein.
[ɪç 'laːdə ziː aʊ̯f aɪ̯n gə'tʀɛŋk aɪ̯n]

**Я не заперечую.**
Ich habe nichts dagegen.
[ɪç 'haːbə nɪçts da'geːgn̩]

**Мене звати...**
Ich heiße ...
[ɪç 'haɪ̯sə]

**Як Вас звати?**
Wie heißen Sie?
[viː 'haɪ̯sn̩ ziː]

**З ким ви?**
Mit wem sind Sie hier?
[mɪt veːm zɪnt ziː hiːɐ̯]

**Я тут зі своєю подругою.**
Ich bin mit meiner Freundin hier.
[ɪç bɪn mɪt 'maɪ̯nɐ 'fʀɔɪ̯ndɪn hiːɐ̯]

**Я тут зі своєю нареченою.**
Ich bin mit meiner Verlobten hier.
[ɪç bɪn mɪt 'maɪ̯nɐ ˌfɛɐ̯'loːptn̩ hiːɐ̯]

**Я тут один.**
Ich bin alleine hier.
[ɪç bɪn a 'laɪ̯nə hiːɐ̯]

**Я тут зі своєю дружиною.**
Ich bin mit meiner Frau hier.
[ɪç bɪn mɪt 'maɪ̯nɐ fʀaʊ̯ hiːɐ̯]

## Знайомство - *Vorstellung*

**Я тут зі своєю родиною.**
Ich bin mit meiner Familie hier.
[ɪç bɪn mɪt 'ma͜ɪnɐ ˌfa'mi:li̯ə hi:ɐ̯]

**Я тут зі своїми дітьми.**
Ich bin mit meinen Kindern hier.
[ɪç bɪn mɪt 'ma͜ɪnən 'kɪndɐn hi:ɐ̯]

**Я одружений.**
Ich bin verheiratet.
[ɪç bɪn fɛɐ̯'ha͜ɪʀa:tət]

**Я неодружений.**
Ich bin ledig.
[ɪç bɪn 'le:dɪç]

**Я розлучений.**
Ich bin geschieden.
[ɪç bɪn gə'ʃi:dn̩]

**Звідки ви?**
Woher kommen Sie?
[vo'he:ɐ̯ 'kɔmən zi:]

**Я студент.**
Ich bin Student.
[ɪç bɪn ʃtu'dɛnt]

**Я робітник.**
Ich bin Arbeiter.
[ɪç bɪn 'aʁba͜ɪtɐ]

**Я менеджер.**
Ich bin Manager.
[ɪç bɪn ˈmɛnɪdʒɐ]

**Я у відпустці.**
Ich bin im Urlaub.
[ɪç bɪn ɪm ˈuːɐ̯ˌlaʊ̯p]

**Я бізнесмен.**
Ich bin Geschäftsmann.
[ɪç bɪn ɡəˈʃɛftsˌman]

**Я інженер.**
Ich bin Ingenieur.
[ɪç bɪn ˌɪnʒeˈni̯øːɐ̯]

**Я у відрядженні.**
Ich bin geschäftlich unterwegs.
[ɪç bɪn ɡəˈʃɛftlɪç ˌʊnteˈveːks]

**Я їду наступного місяця.**
Ich fahre nächsten Monat ab.
[ɪç ˈfaːʀə ˈnɛːçstən ˈmoːnat ap]

**Я їду наступного тижня.**
Ich fahre nächste Woche ab.
[ɪç ˈfaːʀə ˈnɛːçstə ˈvɔχə ap]

**Я пробуду тут день.**
Ich werde einen Tag hier bleiben.
[ɪç ˈveːɐ̯də ˈaɪ̯nən taːk hiːɐ̯ ˈblaɪ̯bm̩]

**Я пробуду тут тиждень.**
Ich werde eine Woche hier bleiben.
[ɪç ˈveːɐ̯də ˈaɪ̯nə ˈvɔχə hiːɐ̯ ˈblaɪ̯bm̩]

**Схвалення** - *Loben*

**Цікаво.**
Das ist interessant.
[das ɪst ˌɪntəʀɛ'sant]

**У Вас чудовий смак в одязі.**
Sie haben einen sehr guten Geschmack, was Kleidung betrifft.
[zi: 'ha:bən 'aɪ̯nən ze:ɐ̯ gu:tn̩ gə'ʃmak vas 'klaɪ̯dʊŋ bə'tʀɪft]

**Відмінно.**
Das ist großartig.
[das ɪst 'gʀo:sˌʔa:ɐ̯tɪç]

**Ваша нова зачіска чудова.**
Ihre neue Frisur ist großartig.
['i:ʀə 'nɔɪ̯ə ˌfʀi'zu:ɐ̯ ɪst 'gʀo:sˌʔa:ɐ̯tɪç]

**Чудове місце.**
Was für ein schöner Ort.
[vas fy:ɐ̯ aɪ̯n 'ʃø:nɐ ɔʁt]

**Ви чудово виглядаєте!**
Sie sehen gut aus!
[zi: 'ze:ən gu:t aʊ̯s]

**Чудовий вид.**
Was für ein schöner Ausblick.
[vas fy:ɐ̯ aɪ̯n 'ʃø:nɐ 'aʊ̯sblɪk]

**Дуже люб'язно з Вашого боку.**
Das ist sehr nett von Ihnen.
[das ɪst zeːɐ̯ nɛt fɔn 'iːnən]

**Ви дуже милі.**
Sie sind sehr nett.
[ziː zɪnt zeːɐ̯ nɛt]

**Щиро дякую.**
Herzlichen Dank.
['hɛʁʦˌlɪçn̩'daŋk]

**Я чудово провів час, дякую.**
Es hat mir heute sehr gut gefallen, danke.
[ɛs hat miːɐ̯ 'hɔɪ̯tə zeːɐ̯ guːt ˌgə'falən 'daŋkə]

**Дякую за турботу.**
Danke für Ihre Mühe.
['daŋkə fyːɐ̯ 'iːʁə 'myːə]

## Вибачення - *Entschuldigungen*

**Вибачте.**
Entschuldigung.
[ˌɛntˈʃʊldɪɡʊŋ]

**Хвилинку, будь ласка.**
Einen Augenblick, bitte.
[ˈaɪ̯nən ˈaʊ̯ɡŋ̍ˌblɪk ˈbɪtə]

**Наступного разу намагатимуся.**
Nächstes Mal werde ich es richtig machen.
[ˈnɛːçstəs maːl ˈveːɐ̯də ɪç ɛs ˈʁɪçtɪç ˈmaχn̩]

**Дозвольте Вас потурбувати.**
Kann ich Sie für einen Moment stören?
[kan ɪç ziː fyːɐ̯ ˈaɪ̯nən moˈmɛnt ˈʃtøːʁən]

**Я не хотів Вас образити.**
Ich habe es nicht so gemeint.
[ɪç ˈhaːbə ɛs nɪçt zoː ɡəˈmaɪ̯nt]

**Вибачте за запізнення.**
Entschuldigen Sie bitte meine Verspätung.
[ˌɛntˈʃʊldɪɡn̩ ziː ˈbɪtə ˈmaɪ̯nə ˌfɛɐ̯ˈʃpɛːtʊŋ]

**Це моя провина.**
Es ist meine Schuld.
[ɛs ɪst ˈmaɪ̯nə ʃʊlt]

**Чи не могли б Ви мені допомогти?**
Könnten Sie mir bitte helfen?
['kœntn̩ zi: mi:ɐ̯ 'bɪtə 'hɛlfn̩]

**Будь ласка, покваптеся.**
Bitte beeilen Sie sich.
['bɪtə ˌbə'ʔai̯lən zi: zɪç sɪç]

**Будь ласка, говоріть трохи повільніше.**
Bitte sprechen Sie langsamer.
['bɪtə 'ʃpʀɛçn̩ zi: 'laŋˌza:mɐ]

**Повторіть, будь ласка.**
Sagen Sie das bitte noch einmal.
['za:gn̩ zi: das 'bɪtə nɔχ 'ai̯nma:l]

**Чи не могли б Ви це повторити?**
Könnten Sie das wiederholen?
['kœntn̩ zi: das ˌvi:dɐ'ho:lən]

**Напишіть це тут, будь ласка.**
Bitte schreiben Sie es hier auf.
['bɪtə 'ʃʀai̯bn̩ zi: ɛs hi:ɐ̯ au̯f]

**Ви розумієте?**
Verstehen Sie?
[ˌfɛɐ̯'ʃte:ən zi:]

**Ходімо зі мною!**
Kommen Sie mit!
['kɔmən zi: mɪt]

## Прохання - *Nachfragen*

**Чи не відправите Ви замість мене листа?**
Könnten Sie bitte diesen Brief für mich abschicken?
['kœntn̩ zi: 'bɪtə 'di:zən bʀi:f fy:ɐ̯ mɪç 'apˌʃɪkn̩]

**Чи можна поглянути?**
Kann ich mir das mal anschauen?
[kan ɪç mi:ɐ̯ das ma:l 'anʃaʊ̯ən]

**Можна дізнатися Вашу адресу?**
Kann ich Ihre Adresse haben?
[kan ɪç 'i:ʀə a'dʀɛsə 'ha:bən]

**Чи можна позичити Вашу ручку?**
Kann ich mir Ihren Stift leihen?
[kan ɪç mi:ɐ̯ 'i:ʀən ʃtɪft 'laɪ̯ən]

**Можна дізнатися Ваш телефон?**
Kann ich Ihre Telefonnummer haben?
[kan ɪç 'i:ʀə tele'fo:nˌnʊmɐ 'ha:bən]

**Можна дізнатися Вашу електронну адресу?**
Kann ich Ihre E-Mail-Adresse haben?
[kan ɪç 'i:ʀə 'i:meɪ̯lʔaˌdʀɛsə 'ha:bən]

**Чи можна позичити Вашу машину?**
Kann ich mir Ihr Auto leihen?
[kan ɪç mi:ɐ̯ i:ɐ̯ 'aʊ̯to 'laɪ̯ən]

**Ви не підкинете мене у центр?**
Können Sie mich in der Innenstadt absetzen?
['kœnən zi: mɪç ɪn de:ɐ̯ 'ɪnənʃtat 'apˌzɛtsn̩]

**Я не впевнений.**
Ich bin nicht sicher.
[ɪç bɪn nɪçt 'zɪçɐ]

**Це чудово!**
Das ist wunderbar!
[das ɪst 'vʊndɐˌbaːɐ̯]

**Це жахливо!**
Das ist schrecklich!
[das ɪst 'ʃʀɛklɪç]

**В мене поганий настрій.**
Ich bin traurig.
[ɪç bɪn 'tʀaʊ̯ʀɪç]

**Заспокойтесь, все буде гаразд.**
Beruhigen Sie sich, alles wird gut.
[ˌbə'ʀuːɪgn̩ ziː zɪç sɪç 'aləs vɪʁt guːt]

**Оце так сюрприз!**
Was für eine Überraschung!
[vas fyːɐ̯ 'aɪ̯nə ˌyːbɐ'ʀaʃʊŋ]

**Як шкода!**
Das ist aber schade!
[das ɪst 'aːbɐ 'ʃaːdə]

**Досить!**
Das reicht!
[das ʀaɪ̯çt]

**Звичайно!**
Natürlich!
[ˌna'tyːɐ̯lɪç]

## Побажання - *Segnen*

**Вітаю!**
Herzliche Glückwünsche!
['hɛʁtslɪçə 'glʏkˌvʏnʃə]

**Найкращі побажання у День народження!**
Die besten Wünsche zum Geburtstag!
[di: 'bɛstn̩ 'vʏnʃə tsʊm ˌgə'bu:ɐ̯tsˌta:k]

**З Різдвом!**
Frohe Weihnachten!
['fʀo:ə 'vaɪ̯ˌnaχtn̩]

**Найкращі побажання в новому році!**
Die besten Wünsche für ein glückliches neues Jahr!
[di: 'bɛstn̩ 'vʏnʃə fy:ɐ̯ aɪ̯n 'glʏklɪçəs 'nɔɪ̯əs ja:ɐ̯]

**Щасливої подорожі!**
Gute Reise!
['gu:tə 'ʀaɪ̯zə]

**Добре провести час!**
Schönen Tag noch!
['ʃø:nən ta:k nɔχ]

**Щасти!**
Viel Glück!
[fi:l glʏk]

**Давайте зустрінемося ще раз!**
Lassen Sie uns wieder treffen!
['lasn̩ zi: ʊns 'vi:dɐ 'tʀɛfn̩]

**Ваше здоров'я!**
Zum Wohl!
[tsʊm vo:l]

**Смачного!**
Guten Appetit!
[gu:tn̩ ape'ti:t]

**Котра година?**
Wie spät ist es?
[viː ʃpɛːt ɪst ɛs]

**за годину**
in einer Stunde
[ɪn ˈaɪ̯nɐ ˈʃtʊndə]

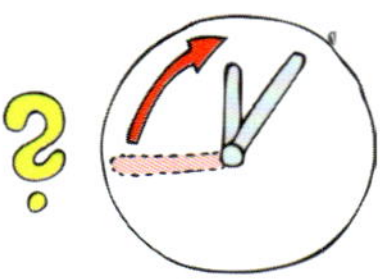

**З котрої?**
Von wann?
[fɔn van]

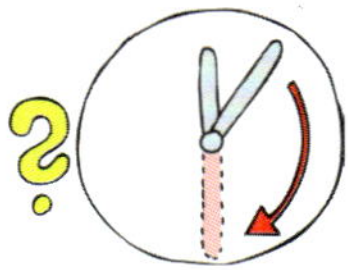

**До котрої?**
Bis wann?
[bɪs van]

**Рано.**
Es ist früh.
[ɛs ɪst fʀyː]

**Скільки часу це займе?**
Wie lange wird es dauern?
[viː ˈlaŋə vɪʁt ɛs ˈdaʊ̯ɐn]

**Пізно.**
Es ist spät.
[ɛs ɪst ʃpɛːt]

**Вчасно.**
Es ist rechtzeitig.
[ɛs ɪst ˈʀɛçtˌtsaɪ̯tɪç]

**Вже пізно?**
Ist es schon spät?
[ɪst ɛs ʃoːn ʃpɛːt]

Час - *Zeit*

**Полудень.**
Es ist Mittag.
[ɛs ɪst ˈmɪtaːk]

**Північ.**
Es ist Mitternacht.
[ɛs ɪst ˈmɪtɐˌnaχt]

**Я їду вранці.**
Ich fahre am Morgen ab.
[ɪç ˈfaːʀə am ˈmɔʁgn̩ ap]

**Я їду ввечері.**
Ich fahre am Abend ab.
[ɪç ˈfaːʀə am ˈaːbn̩t ap]

**Я їду вдень.**
Ich fahre am Nachmittag ab.
[ɪç ˈfaːʀə am ˈnaːχmɪˌtaːk ap]

**Який сьогодні день?**
Welcher Tag ist heute?
[ˈvɛlçɐ taːk ɪst ˈhɔɪ̯tə]

**Який завтра день?**
Welcher Tag ist morgen?
[ˈvɛlçɐ taːk ɪst ˈmɔʁgn̩]

### Час (Корисні слова)

**Час** . . . . . . . . . . . . . . . . . . . .Zeit [tsaɪ̯t]
**хвилина** . . . . . . . . . . . . . . . . .Minute [miˈnuːtə]
**година**. . . . . . . . . . . . . . . . . .Stunde [ˈʃtʊndə]
**ніч**. . . . . . . . . . . . . . . . . . . . .Nacht [naχt]
**день** . . . . . . . . . . . . . . . . . . .Tag [taːk]
**тиждень** . . . . . . . . . . . . . . . .Woche [ˈvɔχə]
**сьогодні** . . . . . . . . . . . . . . . .heute [ˈhɔɪ̯tə]
**вчора** . . . . . . . . . . . . . . . . . .gestern [ˈgɛstɐn]

**завтра** .................... morgen ['mɔʁgn̩]
**завтра вранці** .............. morgen früh ['mɔʁgn̩ fʁy:]
**перша година** ............... ein Uhr [aɪ̯n u:ɐ̯]
**друга година** ............... zwei Uhr [t͡svaɪ̯ u:ɐ̯]
**третя година** ............... drei Uhr [dʁaɪ̯ u:ɐ̯]
**четверта година** ............ vier Uhr [fi:ɐ̯ u:ɐ̯]
**п'ята година** ............... fünf Uhr [fʏnf u:ɐ̯]
**шоста година** ............... sechs Uhr [zɛks u:ɐ̯]
**сьома година** ............... sieben Uhr ['zi:bm̩ u:ɐ̯]
**восьма година** .............. acht Uhr [aχt u:ɐ̯]
**дев'ята година** ............. neun Uhr [nɔɪ̯n u:ɐ̯]
**десята година** .............. zehn Uhr [t͡se:n u:ɐ̯]
**одинадцята година** .......... elf Uhr [ɛlf u:ɐ̯]
**дванадцята година** .......... zwölf Uhr [tsvœlf u:ɐ̯]
**ранку** ...................... vormittags ['fo:ɐ̯mɪˌta:ks]
**вечора** ..................... nachmittags, abends ['na:χmɪˌta:ks 'a:bn̩t͡s]
**місяць** ..................... Monat ['mo:nat]
**січень** ..................... Januar ['janu̯a:ɐ̯]
**лютий** ...................... Februar ['fe:bʁua:ɐ̯]
**березень** ................... März [mɛʁt͡s]
**квітень** .................... April [a'pʁɪl]
**травень** .................... Mai [maɪ̯]
**червень** .................... Juni ['ju:ni]
**липень** ..................... Juli ['ju:li]
**серпень** .................... August [aʊ̯'gʊst]
**вересень** ................... September [zɛp'tɛmbɐ]
**жовтень** .................... Oktober [ɔk'to:bɐ]
**листопад** ................... November [no'vɛmbɐ]
**грудень** .................... Dezember [de't͡sɛmbɐ]
**рік** ........................ Jahr [ja:ɐ̯]
**весна** ...................... Frühling ['fʁy:lɪŋ]
**літо** ....................... Sommer ['zɔmɐ]
**осінь** ...................... Herbst [hɛʁpst]
**зима** ....................... Winter ['vɪntɐ]

**Яка сьогодні погода?**
Wie ist das Wetter heute?
[vi: ɪst das 'vɛtɐ 'hɔɪ̯tə]

**Сьогодні гарна погода.**
Das Wetter ist heute gut.
[das 'vɛtɐ ɪst 'hɔɪ̯tə gu:t]

**Сьогодні погана погода.**
Das Wetter ist heute schlecht.
[das 'vɛtɐ ɪst 'hɔɪ̯tə ʃlɛçt]

**Сьогодні тепло.**
Heute ist es warm.
['hɔɪ̯tə ɪst ɛs vaʁm]

**Сьогодні холодно.**
Heute ist es kalt.
['hɔɪ̯tə ɪst ɛs kalt]

**Який чудовий день.**
Was für ein schöner Tag.
[vas fy:ɐ̯ aɪ̯n 'ʃø:nɐ ta:k]

**Йде дощ.**
Es regnet.
[ɛs 'rɛɲnət]

**Йде сніг.**
Es schneit.
[ɛs 'ʃnaɪ̯t]

**Погода (Корисні слова)**

сніг . . . . . . . . . . . . . . . . . . . . . . Schnee [ʃne:]
дощ. . . . . . . . . . . . . . . . . . . . . . . Regen ['ʀe:gn̩]
сонце . . . . . . . . . . . . . . . . . . . . . Sonne ['zɔnə]
туман . . . . . . . . . . . . . . . . . . . . . Nebel ['ne:bl̩]
вітер . . . . . . . . . . . . . . . . . . . . . Wind [vɪnt]
гроза. . . . . . . . . . . . . . . . . . . . . . Gewitter [gə'vɪtɐ]
шторм. . . . . . . . . . . . . . . . . . . . . Sturm [ʃtʊʁm]
сувора погода. . . . . . . . . . . . . . raues Wetter [ʀaʊ̯əs 'vɛtɐ]
спека . . . . . . . . . . . . . . . . . . . . . Hitze ['hɪtsə]

**понеділок**
Montag
[ˈmoːnˌtaːk]

**вівторок**
Dienstag
[ˈdiːnsˌtaːk]

**середа**
Mittwoch
[ˈmɪtvɔχ]

**четвер**
Donnerstag
[ˈdɔnɐsˌtaːk]

**п'ятниця**
Freitag
[ˈfʀaɪ̯taːk]

**субота**
Samstag/Sonnabend
[ˈzamsˌtaːk/ˈzɔnˌʔaːbn̩t]

**неділя**
Sonntag
[ˈzɔnˌtaːk]

## Числа - *Zahlen*

**нуль** ............ null [nʊl]
**один** ............ eins [aɪ̯ns]
**два** ............ zwei [t͡svaɪ̯]
**три** ............ drei [dʀaɪ̯]
**чотири** .......... vier [fiːɐ̯]
**п'ять** ............ fünf [fʏnf]
**шість** ............ sechs [zɛks]
**сім** ............ sieben [ˈziːbm̩]
**вісім** ............ acht [aχt]
**дев'ять** .......... neun [nɔɪ̯n]
**десять** .......... zehn [t͡seːn]
**одинадцять** ....... elf [ɛlf]
**дванадцять** ....... zwölf [t͡svœlf]
**тринадцять** ....... dreizehn [ˈdʀaɪ̯t͡seːn]
**чотирнадцять** ..... vierzehn [ˈfɪʁt͡seːn]
**п'ятнадцять** ....... fünfzehn [ˈfʏnft͡seːn]
**шіснадцять** ....... sechzehn [ˈzɛçt͡seːn]
**сімнадцять** ....... siebzehn [ˈziːpt͡seːn]
**вісімнадцять** ...... achtzehn [ˈaχt͡seːn]
**дев'ятнадцять** ..... neunzehn [ˈnɔɪ̯nt͡seːn]
**двадцять** ......... zwanzig [ˈt͡svant͡sɪç]
**двадцять один** .... einundzwanzig [ˈaɪ̯nʔʊntˈt͡svant͡sɪç]
**тридцять** ......... dreißig [ˈdʀaɪ̯sɪç]
**сорок** ........... vierzig [ˈfɪʁt͡sɪç]
**п'ятдесят** ........ fünfzig [ˈfʏnft͡sɪç]
**шістдесят** ........ sechzig [ˈzɛçt͡sɪç]
**сімдесят** ......... siebzig [ˈziːpt͡sɪç]
**вісімдесят** ........ achtzig [ˈaχt͡sɪç]
**дев'яносто** ....... neunzig [nɔɪ̯nt͡sɪç]
**сто** ............. hundert [ˈhʊndɐt]
**двісті** ............ zweihundert [ˈt͡svaɪ̯ˌhʊndɐt]
**п'ятсот** .......... fünfhundert [ˈfʏnfˈhʊndɐt]

0 5

14 19

1.000

**тисяча**
tausend
[ˈtaʊ̯znt̩]

100 500

1.000.000

**мільйон**
Million
[mɪˈli̯oːn]

1.000.000.000

**мільярд**
Milliarde
[mɪˈli̯aʁdə]

# ПОДОРОЖ REISEN

## Митниця - *Zoll*

**Ось мій паспорт.**
Hier ist mein Reisepass.
[hiːɐ̯ ɪst maɪ̯n ˈʁaɪ̯zəˌpas]

**Це мій перший приїзд.**
Das ist mein erster Besuch.
[das ɪst maɪ̯n ˈeːɐ̯stɐ bəˈzuːχ]

**Ось моя віза.**
Hier ist mein Visum.
[hiːɐ̯ ɪst maɪ̯n ˈviːzʊm]

**Покажіть, будь ласка, як заповнювати цей бланк.**
Bitte zeigen Sie mir, wie man dieses Formular ausfüllt.
[ˈbɪtə ˈʦaɪ̯gn̩ ziː miːɐ̯ viː man ˈdiːzəs ˌfɔʁmuˈlaːɐ̯ ˈaʊ̯sˌfʏlt]

**Я один.**
Ich bin alleine hier.
[ɪç bɪn aˈlaɪ̯nə hiːɐ̯]

**Я з сім'єю.**
Ich bin mit meiner Familie hier.
[ɪç bɪn mɪt ˈmaɪ̯nɐ ˌfaˈmiːli̯ə hiːɐ̯]

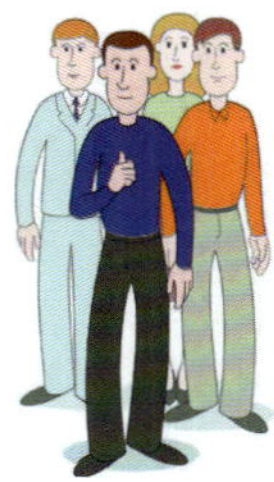

**Я з групою.**
Ich bin mit einer Gruppe hier.
[ɪç bɪn mɪt ˈaɪ̯nɐ ˈgʁʊpə hiːɐ̯]

**Поставте мені, будь ласка, штамп у паспорт.**
Würden Sie bitte meinen Reisepass abstempeln?
[ˈvʏʁdən ziː ˈbɪtə ˈmaɪ̯nən ˈʁaɪ̯zəˌpas ˈapʃtɛmpl̩n]

**Ось моя декларація.**
Hier ist meine Zollerklärung.
[hiːɐ̯ ɪst ˈmai̯nə ˈʦɔlɛɐ̯ˌklɛːʀʊŋ]

**У мене тільки предмети особистого користування.**
Ich habe nur persönliche Sachen.
[ɪç ˈhaːbə nuːɐ̯ ˌpɛɐ̯ˈzøːnlɪçə ˈzaχn̩]

**Я збираюся пробути тут кілька тижнів.**
Ich habe vor, ein paar Wochen hier zu bleiben.
[ɪç ˈhaːbə foːɐ̯ ai̯n paːɐ̯ ˈvɔχn̩ hiːɐ̯ ʦuː ˈblai̯bm̩]

**Дайте мені, будь ласка, інший бланк декларації.**
Kann ich noch ein Zollformular bekommen?
[kan ɪç nɔχ ai̯n ˈʦɔlfɔʁmuˌlaːɐ̯ ˌbəˈkɔmən]

**Мені нема чого декларувати.**
Ich habe nichts zu verzollen.
[ɪç ˈhaːbə nɪçts ʦuː ˌfɛɐ̯ˈʦɔlən]

**Ось моя транзитна віза.**
Das ist mein Transitvisum.
[das ɪst mai̯n tʀanˈziːtˌviːzʊm]

**Митниця (Корисні слова)**

Митниця . . . . . . . . . . . . . . . . . . . . . . . . . .Zoll [ʦɔl]
прикордонна зона . . . . . . . . . . . . . . . . . .Grenzübergang [ˈgʀɛnʦʔyːbeˌgaŋ]
зелений коридор . . . . . . . . . . . . . . . . . .Grüner Korridor [ˈgʀyːnɐ ˈkɔʀidoːɐ̯]
червоний коридор . . . . . . . . . . . . . . . . .Roter Korridor [ˈʀoːtɐ ˈkɔʀidoːɐ̯]
без декларації . . . . . . . . . . . . . . . . . . . . .Nichts zu verzollen [nɪçʦ ʦuː fɛɐ̯ˈʦɔlən]
товари, що підлягають декларуванню . . .Waren zu verzollen [ˈvaːʀən ʦuː fɛɐ̯ˈʦɔlən]
безмитний магазин . . . . . . . . . . . . . . . . .Duty Free Shop [ˈdjuːti fɹiː ʃɔp]

**Де знаходиться обмін валюти?**
Wo ist die Wechselstube?
[vo: ɪst di: 'vɛksl̩ʃtu:bə]

**Де знаходиться автобусна зупинка?**
Wo ist die Bushaltestelle?
[vo: ɪst di: 'bʊshaltəˌʃtɛlə]

**Де знаходиться прокат автомобілів?**
Wo ist der Autoverleih?
[vo: ɪst de:ɐ̯ 'aʊ̯tofɛɐ̯ˌlaɪ̯]

**Де стоянка таксі?**
Wo ist der Taxistand?
[vo: ɪst de:ɐ̯ 'taksiˌʃtant]

**Скільки часу потрібно, щоб зробити пересадку?**
Wie lange muss ich auf den Anschluss warten?
[vi: 'laŋə mʊs ɪç aʊ̯f de:n 'anʃlʊs 'vaʁtən]

**Чи можна тут забронювати номер в готелі?**
Kann ich hier ein Hotelzimmer reservieren?
[kan ɪç hi:ɐ̯ aɪ̯n ho'tɛlˌtsɪmɐ ˌʁezɛʁ'vi:ʁən]

**Де я можу сісти на автобус у місто?**
Wo hält der Shuttlebus?
[vo: hɛlt de:ɐ̯ 'ʃʌtlˌbʊs]

**Ось сюди, будь ласка.**
Bringen Sie mich bitte hierhin.
['bʁɪŋən zi: mɪç 'bɪtə 'hi:ɐ̯hɪn]

**Це прямий рейс?**
Ist das ein Direktflug?
[ɪst das aɪ̯n di'ʀɛkt͵flu:k]

**Це потяг-експрес?**
Ist das ein Expresszug?
[ɪst das aɪ̯n ɛks'pʀɛs͵tsu:k]

**Це безпосадочний рейс?**
Ist das ein Nonstopp-Flug?
[ɪst das aɪ̯n 'nɔnʃtɔp͵flu:k]

**На цей рейс є квитки?**
Gibt es noch Plätze auf dem Flug?
[gi:pt ɛs nɔχ 'plɛtsə aʊ̯f de:m flu:k]

**На цей потяг є квитки?**
Gibt es noch Plätze in dem Zug?
[gi:pt ɛs nɔχ 'plɛtsə ɪn de:m tsu:k]

**На цей автобус є квитки?**
Gibt es noch Plätze in dem Bus?
[gi:pt ɛs nɔχ 'plɛtsə ɪn de:m bʊs]

**Скільки рейсів в день?**
Wie oft gehen die Flüge?
[vi: ɔft 'ge:ən di: 'fly:gə]

**Скільки потягів в день?**
Wie oft fahren die Züge?
[vi: ɔft 'fa:ʀən di: 'tsy:gə]

**Скільки автобусів в день?**
Wie oft fahren die Busse?
[vi: ɔft 'fa:ʀən di: 'bʊsə]

**Як мені туди дістатися?**
Wie kann ich von hier zu diesem Ort kommen?
[vi: kan ɪç fɔn hi:ɐ̯ tsu: 'di:zəm ɔʁt 'kɔmən]

**Замовлення квитків** - *Buchen*

**Мені потрібно буде пересаджуватися на інший літак?**
Muss ich von einem Flugzeug in ein anderes umsteigen?
[mʊs ɪç fɔn ˈaɪ̯nəm ˈfluːkˌtsɔɪ̯k ɪn aɪ̯n ˈanˌdəʀəs ˈʊmʃtaɪ̯gən]

**Я хотів би забронювати квиток на цей рейс.**
Ich würde gerne einen Platz in diesem Flugzeug reservieren.
[ɪç ˈvʏʁdə ˈgɛʁnə ˈaɪ̯nən plaʦ ɪn ˈdiːzəm ˈfluːkˌtsɔɪ̯k ˌʀezɛʁˈviːʀən]

**Мені потрібно буде пересаджуватися на інший потяг?**
Muss ich von einem Zug in einen anderen umsteigen?
[mʊs ɪç fɔn ˈaɪ̯nəm ʦuːk ɪn ˈaɪ̯nən ˈanˌdəʀən ˈʊmʃtaɪ̯gən]

**Мені потрібно буде пересаджуватися на інший автобус?**
Muss ich von einem Bus in einen anderen umsteigen?
[mʊs ɪç fɔn ˈaɪ̯nəm bʊs ɪn ˈaɪ̯nən ˈanˌdəʀən ˈʊmʃtaɪ̯gən]

**Я хотів би забронювати квиток на цей потяг.**
Ich würde gerne einen Platz in diesem Zug reservieren.
[ɪç ˈvʏʁdə ˈgɛʁnə ˈaɪ̯nən plaʦ ɪn ˈdiːzəm ʦuːk ˌʀezɛʁˈviːʀən]

**Я хотів би забронювати квиток на цей автобус.**
Ich würde gerne einen Platz in diesem Bus reservieren.
[ɪç ˈvʏʁdə ˈgɛʁnə ˈaɪ̯nən plaʦ ɪn ˈdiːzəm bʊs ˌʀezɛʁˈviːʀən]

**Скільки коштує квиток?**
Was kostet das Ticket?
[vas ˈkoːstət das ˈtɪkət]

**Чи є якісь пільгові тарифи?**
Gibt es irgendwelche ermäßigte Tarife?
[giːpt ɛs ˈɪʁgn̩tˌvɛlçə ˌɛɐ̯ˈmɛːsɪçtə ˌtaˈʀiːfə]

**Один квиток бізнес-класу, будь ласка.**
Ein Businessclass-Ticket, bitte.
[aɪ̯n 'bɪznɪskla:sˌtɪkət 'bɪtə]

**Один квиток економ-класу, будь ласка.**
Ein Economyclass-Ticket, bitte.
[aɪ̯n i'kɔnəmikla:sˌtɪkət 'bɪtə]

**Квиток туди й назад, будь ласка.**
Eine Rückfahrkarte, bitte.
['aɪ̯nə 'ʀʏkfa:ɐ̯ˌkaʁtə 'bɪtə]

**Квиток в один кінець, будь ласка.**
Eine einfache Fahrkarte, bitte.
['aɪ̯nə 'aɪ̯nˌfaχə 'fa:ɐ̯ˌkaʁtə 'bɪtə]

**О котрій необхідно зареєструватися?**
Um wie viel Uhr soll ich einchecken?
[ʊm vi: fi:l u:ɐ̯ zɔl ɪç 'aɪ̯nˌʧɛkn̩]

**Коли я маю бути на станції?**
Wie früh muss ich am Bahnhof sein?
[vi: fʀy: mʊs ɪç am 'ba:nˌho:f zaɪ̯n]

**Коли я маю бути в аеропорту?**
Wie früh muss ich am Flughafen sein?
[vi: fʀy: mʊs ɪç am 'flu:kˌha:fn̩ zaɪ̯n]

## Замовлення квитків - *Buchen*

**О котрій відправляється рейс?**
Um wie viel Uhr geht der Flug?
[ʊm viː fiːl uːɐ̯ geːt deːɐ̯ fluːk]

**О котрій відправляється потяг?**
Um wie viel Uhr fährt der Zug?
[ʊm viː fiːl uːɐ̯ fɛːɐ̯t deːɐ̯ t͡suːk]

**О котрій відправляється автобус?**
Um wie viel Uhr fährt der Bus?
[ʊm viː fiːl uːɐ̯ fɛːɐ̯t deːɐ̯ bʊs]

**У мене немає багажу.**
Ich habe kein Gepäck.
[ɪç 'haːbə kaɪ̯n gə'pɛk]

**Скільки багажу мені можна брати?**
Wie viel Gepäck kann ich mitnehmen?
[viː fiːl gə'pɛk kan ɪç 'mɪtˌneːmən]

**Я хочу скасувати бронювання.**
Ich möchte meine Reservierung stornieren.
[ɪç 'mœçtə 'maɪ̯nə ˌʀezɛʁ'viːʀʊŋ ʃtɔʁ'niːʀən]

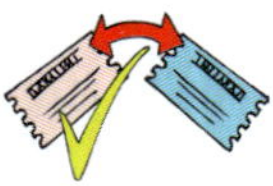

**Я хочу змінити бронювання.**
Ich möchte meine Reservierung ändern.
[ɪç 'mœçtə 'maɪ̯nə ˌʀezɛʁ'viːʀʊŋ 'ɛndɐn]

**Я хочу підтвердити бронювання.**
Ich möchte meine Reservierung bestätigen.
[ɪç 'mœçtə 'maɪ̯nə ˌʀezɛʁ'viːʀʊŋ ˌbə'ʃtɛːtɪgən]

**О котрій ми прибуваємо?**
Um wie viel Uhr kommen wir an?
[ʊm viː fiːl uːɐ̯ 'kɔmən viːɐ̯ an]

**Де проходить реєстрація?**
Wo ist das Check-in?
[vo: ɪst das 'tʃɛkɪn]

**З якого виходу відбувається посадка на цей рейс?**
Von welchem Flugsteig geht dieser Flug?
[fɔn 'vɛlχəm 'flu:kʃtaɪ̯k ge:t 'di:zɐ flu:k]

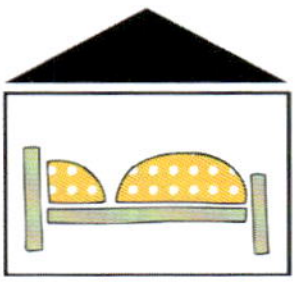

**Відправте, будь ласка, багаж в мій готель.**
Schicken Sie bitte mein Gepäck zum Hotel.
['ʃɪkn̩ zi: 'bɪtə maɪ̯n gə'pɛk tsʊm ho'tɛl]

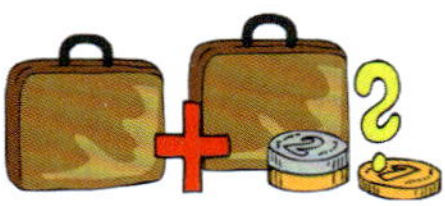

**Скільки необхідно платити за зайву вагу?**
Wie hoch ist die Gebühr für Übergepäck?
['aɪ̯nə 'aɪ̯nˌfaχə 'fa:ɐ̯ˌkaʁtə 'bɪtə]

**Коли розпочинається посадка?**
Um wie viel Uhr kann man an Bord gehen?
[ʊm vi: fi:l u:ɐ̯ kan man an bɔʁt 'ge:ən]

## Реєстрація на рейс - *Flugabfertigung*

**Чи затримуються які-небудь рейси?**
Gibt es Verspätungen?
[giːpt ɛs ˌfɛɐ̯ˈʃpɛːtʊŋən]

**Цей рейс відправляється вчасно?**
Wird dieser Flug rechtzeitig starten?
[vɪʁt ˈdiːzɐ fluːk ˈʁɛçtˌt͡saɪ̯tɪç ˈʃtaʁtn̩]

**Я хотів би місце біля проходу.**
Ich hätte gerne einen Platz am Gang bitte.
[ɪç ˈhɛtə ˈɡɛʁnə ˈaɪ̯nən plat͡s am ɡaŋ ˈbɪtə]

**Я хотів би місце біля вікна.**
Ich hätte gerne einen Fensterplatz bitte.
[ɪç ˈhɛtə ˈɡɛʁnə ˈaɪ̯nən ˈfɛnstɐˌplat͡s ˈbɪtə]

**Ми зможемо пройтися по крамницях в аеропорту?**
Können wir in diesem Flughafen einkaufen gehen?
[ˈkœnən viːɐ̯ ɪn ˈdiːzəm ˈfluːkˌhaːfn̩ ˈaɪ̯nˌkaʊ̯fn̩ ˈɡeːən]

**В якій це валюті?**
In welcher Währung ist das?
[ɪn ˈvɛlçɐ ˈvɛːʀʊŋ ɪst das]

**Мені необхідно буде платити мито за товари, що я купив тут?**
Muss ich für die hier gekauften Waren Zoll bezahlen?
[mʊs ɪç fyːɐ̯ diː hiːɐ̯ ˌɡəˈkaʊ̯ftn̩ ˈvaːʀən ʦɔl ˌbəˈʦaːlən]

**Дайте, будь ласка, квитанцію.**
Bitte geben Sie mir eine Quittung.
[ˈbɪtə ˈɡeːbn̩ ziː miːɐ̯ ˈaɪ̯nə ˈkvɪtʊŋ]

**Можна заплатити євро?**
Kann ich mit Euro bezahlen?
[kan ɪç mɪt ˈɔɪ̯ʀo ˌbəˈʦaːlən]

**Можна заплатити дорожніми чеками?**
Kann ich mit Reiseschecks bezahlen?
[kan ɪç mɪt ˈʀaɪ̯zəʃɛks ˌbəˈʦaːlən]

**Реєстрація на рейс (Корисні слова)**

**прибуття** .................... Ankunft [ˈankʊnft]
**відправлення** ............... Abflug [ˈapˌfluːk]
**особистий огляд** ............ Sicherheitscheck [ˈzɪçɐhaɪ̯tsˌʧɛk]
**паспортний контроль** ........ Passkontrolle [ˈpaskɔnˌtʀɔlə]
**вихід** ...................... Flugsteig [ˈfluːkʃtaɪ̯k]
**затримується** ............... verspätet [fɛɐ̯ˈʃpɛːtət]
**приземлився** ................ gelandet [ɡəˈlandət]
**відмінено** .................. gestrichen [ɡəˈʃtʀɪçn̩]
**рейс** ....................... Flug [fluːk]
**номер рейсу** ................ Flugnummer [ˈfluːkˌnʊmɐ]
**посадковий талон** ........... Bordkarte [ˈbɔʁtˌkaʁtə]

**Де можна отримати багаж?**
Wo kann ich mein Gepäck bekommen?
[vo: kan ɪç maɪ̯n gəˈpɛk ˌbəˈkɔmən]

**Я не можу знайти свій багаж.**
Ich kann mein Gepäck nicht finden.
[ɪç kan maɪ̯n gəˈpɛk nɪçt ˈfɪndn̩]

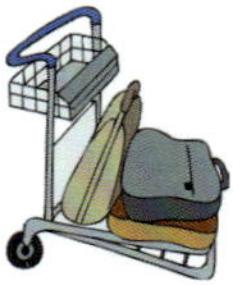

**Де візки для багажу?**
Wo sind die Gepäckwagen?
[vo: zɪnt di: gəˈpɛkˌva:gn̩]

**Де камери схову?**
Wo sind die Gepäckschließfächer?
[vo: zɪnt di: gəˈpɛkʃli:sˌfɛçɐ]

**Мені не видали багажну квитанцію при реєстрації.**
Ich habe beim Einchecken keinen Gepäckschein bekommen.
[ɪç ˈha:bə baɪ̯m ˈaɪ̯nˌʧɛkn̩ ˈkaɪ̯nən gəˈpɛkˌʃaɪ̯n ˌbəˈkɔmən]

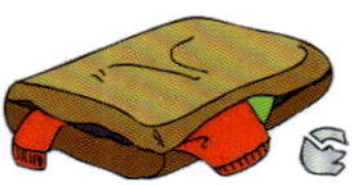

**Мій багаж пошкоджено, і деяких речей не вистачає.**
Mein Gepäck ist beschädigt, und einige Sachen fehlen.
[maɪ̯n gəˈpɛk ɪst ˌbəˈʃɛ:dɪçt ʊnt ˈaɪ̯nɪgə ˈzaχn̩ ˈfe:lən]

**Ось мій багаж.**
Das ist mein Gepäck.
[das ɪst maɪ̯n gəˈpɛk]

**Де це місце?**
Wo ist dieser Platz?
[vo: ɪst 'di:zɐ plats]

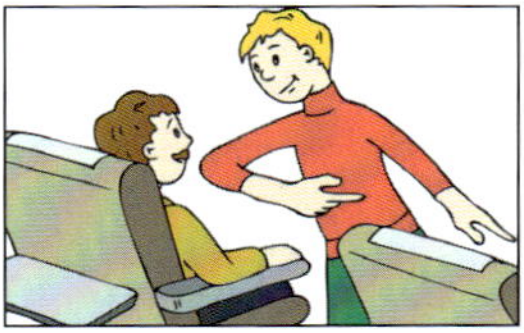

**Чи не могли б Ви помінятися зі мною місцями?**
Kann ich den Platz mit Ihnen tauschen?
[kan ɪç de:n plats mɪt 'i:nən 'taʊ̯ʃn̩]

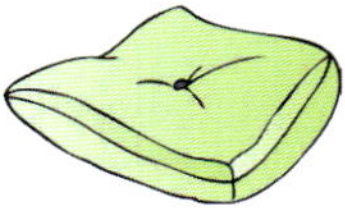

**Чи не могли б Ви принести мені подушку?**
Würden Sie mir bitte ein Kopfkissen holen?
['vʏʁdən zi: mi:ɐ̯ 'bɪtə aɪ̯n 'kɔpfˌkɪsn̩ 'ho:lən]

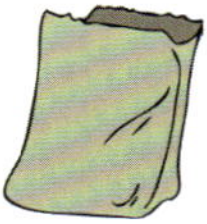

**Дайте мені, будь ласка, пакет.**
Eine Spucktüte, bitte.
['aɪ̯nə 'ʃpʊkˌty:tə 'bɪtə]

**Принесіть, будь ласка, пляшку пива.**
Bitte geben Sie mir eine Flasche Bier.
['bɪtə 'ge:bn̩ zi: mi:ɐ̯ 'aɪ̯nə 'flaʃə bi:ɐ̯]

**Принесіть, будь ласка, келих вина.**
Bitte geben Sie mir ein Glas Wein.
['bɪtə 'ge:bn̩ zi: mi:ɐ̯ aɪ̯n gla:s vaɪ̯n]

**Можна мені ще один напій?**
Kann ich noch ein Getränk bekommen?
[kan ɪç nɔχ aɪ̯n gə'tʁɛŋk ˌbə'kɔmən]

**Я хотів би замовити щось поїсти.**
Ich möchte etwas zu essen bestellen.
[ɪç 'mœçtə 'ɛtvas tsu: 'ɛsn̩ ˌbə'ʃtɛlən]

**Принесіть чаю, будь ласка.**
Ich hätte gerne einen Tee, bitte.
[ɪç 'hɛtə 'gɛʁnə 'aɪ̯nən te: 'bɪtə]

**Принесіть кави, будь ласка.**
Ich hätte gerne einen Kaffee, bitte.
[ɪç 'hɛtə 'gɛʁnə 'aɪ̯nən 'kafe 'bɪtə]

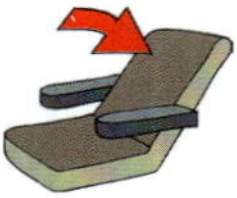

**Можна мені відкинути спинку?**
Kann ich meinen Sitz zurückstellen?
[kan ɪç 'maɪ̯nən zɪʦ ʦu'ʀʏkˌʃtɛlən]

**Коли літак злетить?**
Wann wird das Flugzeug abfliegen?
[van vɪʁt das 'flu:kˌʦɔɪ̯k 'apˌfli:gn̩]

**Коли літак приземлиться?**
Wann wird das Flugzeug landen?
[van vɪʁt das 'flu:kˌʦɔɪ̯k 'landn̩]

**На скільки відкладено рейс?**
Wie groß wird die Verspätung sein?
[vi: gʀo:s vɪʁt di: ˌfɛɐ̯'ʃpɛ:tʊŋ zaɪ̯n]

**Мені погано.**
Mir ist schlecht.
[mi:ɐ̯ ɪst ʃlɛçt]

**Надовго ми тут зупинилися?**
Wie lange haben wir hier Aufenthalt?
[vi: 'laŋə 'ha:bən vi:ɐ̯ hi:ɐ̯ 'aʊ̯fʔɛnthalt]

**У літаку (Корисні слова)**

**Пристебніть ремені**. . . . . . . . . . .Bitte anschnallen. ['bɪtə 'anˌʃnalən]
**киснева маска** . . . . . . . . . . . . . .Sauerstoffmaske ['zaʊ̯ɐʃtɔfmaskə]
**туалет** . . . . . . . . . . . . . . . . . . . .Toilette [to̯a'lɛtə]

**Можна мені розклад, будь ласка?**
Könnte ich einen Fahrplan bekommen?
['kœntə ɪç 'aɪ̯nən 'faːɐ̯ˌplaːn ˌbə'kɔmən]

**Цей розклад руху автобусів ще дійсний?**
Ist dieser Busfahrplan aktuell?
[ɪst 'diːzɐ 'bʊsˌfaːɐ̯plaːn ak'tu̯ɛl]

**Цей розклад руху потягів ще дійсний?**
Ist dieser Zugfahrplan aktuell?
[ɪst 'diːzɐ 'ʦuːkˌfaːɐ̯plaːn ak'tu̯ɛl]

**Я спізнився на автобус. Коли буде наступний?**
Ich habe den Bus verpasst. Wann fährt der nächste ab?
[ɪç 'haːbə deːn bʊs fɛɐ̯'past van fɛːɐ̯t deːɐ̯ 'nɛːçstə ap]

**Тут є вагон-ресторан?**
Gibt es hier einen Speisewagen?
[giːpt ɛs hiːɐ̯ 'aɪ̯nən 'ʃpaɪ̯zəˌvaːgn̩]

**Це прямий потяг?**
Ist das ein direkter Zug?
[ɪst das aɪ̯n ˌdi'ʀɛktɐ ʦuːk]

**Скільки часу поїзд тут стоїть?**
Wie lange hält der Zug hier?
[viː 'laŋə hɛlt deːɐ̯ ʦuːk hiːɐ̯]

**У якому вагоні моє місце?**
In welchem Wagen ist mein Platz?
[ɪn 'vɛlχəm 'va:gn̩ ɪst ma͡ɪn plats]

**Де моє місце?**
Wo ist mein Sitzplatz?
[vo: ɪst ma͡ɪn 'zɪts,plats]

**Де моє купе?**
Wo ist mein Abteil?
[vo: ɪst ma͡ɪn ap'ta͡ɪl]

**Тут вільно?**
Ist dieser Platz besetzt?
[ɪst 'di:zɐ plats bə'zɛtst]

**Вибачте, але це моє місце.**
Ich glaube, das ist mein Platz.
[ɪç 'gla͡ʊbə das ɪst ma͡ɪn plats]

**Де наступна зупинка?**
Wo ist die nächste Haltestelle?
[vo: ɪst di: ˈnɛ:çstə ˈhaltəʃtɛlə]

**На якій зупинці мені виходити?**
An welcher Haltestelle soll ich aussteigen?
[an ˈvɛlçɐ ˈhaltəʃtɛlə zɔl ɪç ˈaʊ̯sʃtaɪ̯gən]

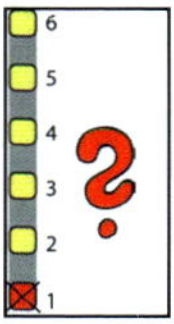


**Скільки зупинок звідси?**
Wie viele Haltestellen sind es von hier?
[vi: ˈfi:lə ˈhaltəʃtɛlən zɪnt ɛs fɔn hi:ɐ̯]

**Зупиніть тут, будь ласка.**
Bitte halten Sie hier an.
[ˈbɪtə ˈhaltn̩ zi: hi:ɐ̯ an]

**Скільки часу автобус тут стоїть?**
Wie lange hält der Bus hier?
[vi: ˈlaŋə hɛlt de:ɐ̯ bʊs hi:ɐ̯]

## Потяг/Автобус (Корисні слова)

**багажна сітка** . . . . . . . . . . . . Gepäckfach [gəˈpɛkfaχ]
**купе** . . . . . . . . . . . . . . . . . . . Abteil [apˈtaɪ̯l]
**вагон**. . . . . . . . . . . . . . . . . . . Wagen [ˈva:gn̩]
**пункт призначення** . . . . . . . . Bestimmungsort [bəˈʃtɪmʊŋsˌʔɔʁt]
**час відправлення** . . . . . . . . . Abfahrtszeit [ˈapfa:ɐ̯tsˌʦaɪ̯t]
**відстань** . . . . . . . . . . . . . . . . Strecke [ˈʃtʀɛkə]
**зал очікування** . . . . . . . . . . . Wartesaal [ˈvaʁtəˌza:l]
**до потягів** . . . . . . . . . . . . . . . Zu den Zügen [ʦu: de:n ˈʦy:gn̩]
**бюро знахідок** . . . . . . . . . . . Fundbüro [ˈfʊntbyʀo]
**стоп-кран** . . . . . . . . . . . . . . . Notbremse [ˈno:tˌbʀɛmzə]
**сигналізація** . . . . . . . . . . . . . Alarm [aˈlaʁm]
**зупинка на вимогу** . . . . . . . . Bedarfshaltestelle [bəˈdaʁfsˌhaltəʃtɛlə]
**нічний автобус** . . . . . . . . . . . Nachtbus [ˈnaχtˌbʊs]

## Пором / Корабель - *Fähre/Schiff*

**Де пристань?**
Wo ist der Kai?
[vo: ɪst deːɐ̯ kaɪ̯]

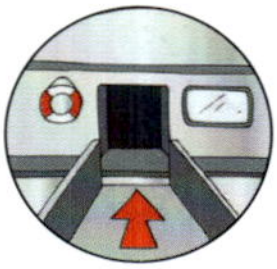

**Де я можу сісти на корабель?**
Wo kann ich an Bord des Schiffes gehen?
[vo: kan ɪç an bɔʁt dɛs 'ʃɪfəs 'geːən]

**О котрій відчалить корабель?**
Um wie viel Uhr fährt das Schiff ab?
[ʊm vi: fiːl uːɐ̯ fɛːɐ̯t das ʃɪf ap]

**О котрій причалить корабель?**
Um wie viel Uhr kommt das Schiff an?
[ʊm vi: fiːl uːɐ̯ kɔmt das ʃɪf an]

**Проведіть мене до каюти, будь ласка.**
Könnten Sie mir bitte den Weg zu meiner Kabine zeigen?
['kœntn̩ ziː miːɐ̯ 'bɪtə deːn veːk t͡suː 'maɪ̯nɐ ˌka'biːnə 't͡saɪ̯gn̩]

### Пором / Корабель (Корисні слова)

**рятувальна шлюпка** . . . . . . . . . .Rettungsboot ['ʀɛtʊŋsˌboːt]
**рятувальний жилет**. . . . . . . . . . .Rettungsweste ['ʀɛtʊŋsˌvɛstə]
**каюта** . . . . . . . . . . . . . . . . . . . . .Kabine [ka'biːnə]
**палуба** . . . . . . . . . . . . . . . . . . .Deck [dɛk]
**верхня палуба** . . . . . . . . . . . . .oberes Deck ['oːbəʀəs dɛk]
**нижня палуба** . . . . . . . . . . . . . . .unteres Deck ['ʊntəʀəs dɛk]

# ГОТЕЛЬ HOTEL

**Мені потрібен номер.**
Ich hätte gerne ein Zimmer.
[ɪç 'hɛtə 'gɛʁnə aɪ̯n 'ʦɪmɐ]

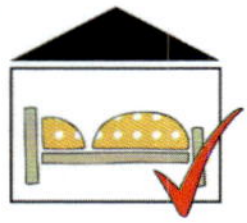

**Я забронював номер.**
Ich habe reserviert.
[ɪç 'ha:bə ˌʀezɛʁ'vi:ɐ̯t]

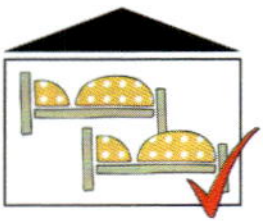

**Для мене і моєї сім'ї заброньовані номери.**
Es ist für mich und meine Familie reserviert worden.
[ɛs ɪst fy:ɐ̯ mɪç ʊnt 'maɪ̯nə ˌfa'mi:li̯ə ˌʀezɛʁ'vi:ɐ̯t 'vɔʁdən]

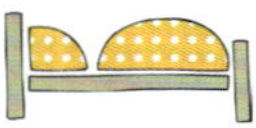

**Я хотів би одномісний номер.**
Ich hätte gerne ein Einzelzimmer.
[ɪç 'hɛtə 'gɛʁnə aɪ̯n 'aɪ̯nʦl̩ˌʦɪmɐ]

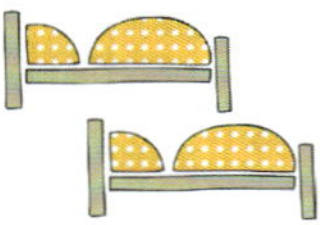

**Я хотів би двомісний номер.**
Ich hätte gerne ein Doppelzimmer.
[ɪç 'hɛtə 'gɛʁnə aɪ̯n 'dɔpl̩ˌʦɪmɐ]

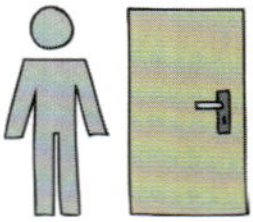

**У Вас є номер на одну особу?**
Haben Sie ein Zimmer für eine Person?
['ha:bən zi: aɪ̯n 'ʦɪmɐ fy:ɐ̯ 'aɪ̯nə pɛʁ'zo:n]

**У Вас є номер на двох?**
Haben Sie ein Zimmer für zwei Personen?
['ha:bən zi: aɪ̯n 'ʦɪmɐ fy:ɐ̯ ʦvaɪ̯ ˌpɛʁ'zo:nən]

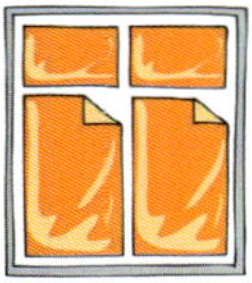

**Мені потрібен номер з двоспальним ліжком.**
Ich hätte gerne ein Zimmer mit einem Doppelbett.
[ɪç 'hɛtə 'gɛʁnə aɪ̯n 'ʦɪmɐ mɪt 'aɪ̯nəm 'dɔpl̩ˌbɛt]

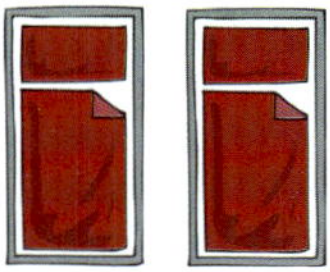

**Мені потрібен номер з двома ліжками.**
Ich hätte gerne ein Zimmer mit zwei Einzelbetten.
[ɪç 'hɛtə 'gɛʁnə aɪ̯n 'ʦɪmɐ mɪt ʦvaɪ̯ 'aɪ̯nʦl̩ˌbɛtn̩]

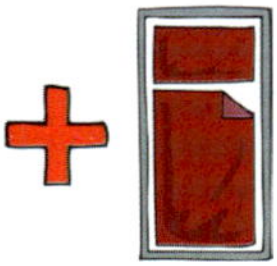

**Чи не могли б Ви поставити в номер додаткове ліжко?**
Könnten Sie ein zusätzliches Bett mit ins Zimmer stellen?
['kœntn̩ ziː aɪ̯n 'tsuːˌzɛtslɪçəs bɛt mɪt ɪns 'ʦɪmɐ 'ʃtɛlən]

**Скільки цей номер коштує за добу?**
Wie viel kostet es pro Nacht?
[viː fiːl 'koːstət ɛs pʀoː naχt]

**Скільки цей номер коштує зі сніданком?**
Wie viel kostet es für Zimmer mit Frühstück?
[viː fiːl 'koːstət ɛs fyːɐ̯ 'ʦɪmɐ mɪt 'fʀyːʃtʏk]

**Я візьму цей номер на ніч.**
Ich werde dieses Zimmer für eine Nacht nehmen.
[ɪç 'veːɐ̯də 'diːzəs 'ʦɪmɐ fyːɐ̯ 'aɪ̯nə naχt 'neːmən]

**Я візьму цей номер на тиждень.**
Ich werde dieses Zimmer für eine Woche nehmen.
[ɪç 'veːɐ̯də 'diːzəs 'ʦɪmɐ fyːɐ̯ 'aɪ̯nə 'vɔχə 'neːmən]

**Коли потрібно звільнити номер?**
Wann ist die Abreisezeit?
[van ɪst di: ˈapʀai̯zəˌʦai̯t]

**Є щось подешевше?**
Gibt es etwas Billigeres?
[gi:pt ɛs ˈɛtvas ˈbɪlɪgəʀəs]

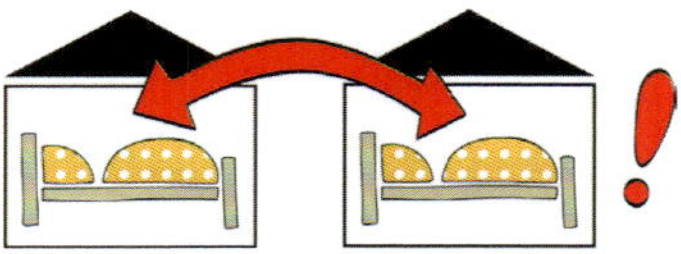

**Ви можете порадити мені інший готель?**
Können Sie mir ein anderes Hotel empfehlen?
[ˈkœnən zi: mi:ɐ̯ ai̯n ˈandəʀəs hoˈtɛl ˌɛmˈpfe:lən]

## Бронювання (Корисні слова)

Бронювання . . . . . . . . . . . . . . . .Reservierung [ʀezɛʁˈvi:ʀʊŋ]
вільні номери . . . . . . . . . . . . . . .Freie Zimmer [ˈfʀai̯ə ˈʦɪmɐ]
місць немає . . . . . . . . . . . . . . . .Ausgebucht [ˈau̯sgəˌbu:χt]
стійка адміністратора. . . . . . . . .Rezeption [ˌʀeʦɛpˈʦi̯o:n]
порт'є . . . . . . . . . . . . . . . . . . . . .Portier [ˌpɔʁˈti̯e:]
адміністратор . . . . . . . . . . . . . . .Administrator [ˌatminɪsˈtʀa:to:ɐ̯]
менеджер . . . . . . . . . . . . . . . . . .Manager [ˈmɛnɪʤɐ]

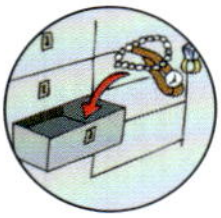

**Я хотів би покласти цінні речі в сейф.**
Ich würde gerne ein paar Wertsachen in das Schließfach legen.
[ɪç 'vʏʁdə 'gɛʁnə aɪ̯n pa:ɐ̯ 've:ɐ̯tˌzaχən ɪn das 'ʃli:sˌfaχ 'le:gn̩]

**Я хотів би забрати свої цінні речі.**
Ich hätte gerne meine Wertsachen zurück.
[ɪç 'hɛtə 'gɛʁnə 'maɪ̯nə 've:ɐ̯tˌzaχən ʦu'ʀʏk]

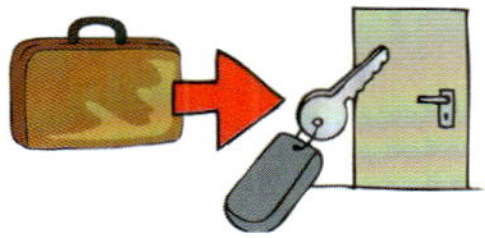

**Відправте, будь ласка, багаж у мій номер.**
Könnten Sie bitte das Gepäck auf mein Zimmer bringen lassen?
['kœntn̩ zi: 'bɪtə das gə'pɛk aʊ̯f maɪ̯n 'ʦɪmɐ 'bʀɪŋən 'lasn̩]

**Чи не могли б Ви доглянути за багажем?**
Könnten Sie das Gepäck für mich aufbewahren?
['kœntn̩ zi: das gə'pɛk fy:ɐ̯ mɪç 'aʊ̯fbəˌva:ʀən]

**Увійдіть.**
Herein.
[hɛ'ʀaɪ̯n]

**Обслуговування номерів, будь ласка.**
Zimmerservice, bitte.
['ʦɪmɐˌsɜ:vɪs 'bɪtə]

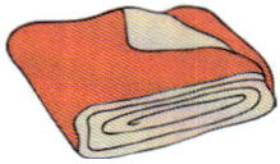

**Будь ласка, принесіть мені ковдру.**
Bitte bringen Sie mir eine Decke.
['bɪtə 'bʀɪŋən ziː miːɐ̯ 'aɪ̯nə 'dɛkə]

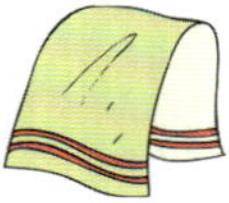

**Будь ласка, принесіть мені інший рушник.**
Bitte bringen Sie mir noch ein Handtuch.
['bɪtə 'bʀɪŋən ziː miːɐ̯ nɔχ aɪ̯n 'hantˌtuːχ]

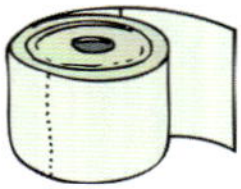

**Будь ласка, принесіть мені туалетний папір.**
Bitte bringen Sie mir etwas Toilettenpapier.
['bɪtə 'bʀɪŋən ziː miːɐ̯ 'ɛtvas to̯a'lɛtn̩paˌpiːɐ̯]

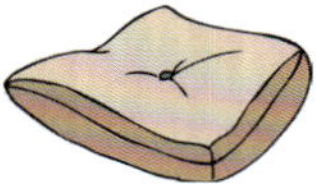

**Будь ласка, принесіть мені ще одну подушку.**
Bitte bringen Sie mir noch ein Kopfkissen.
['bɪtə 'bʀɪŋən ziː miːɐ̯ nɔχ aɪ̯n 'kɔpfˌkɪsn̩]

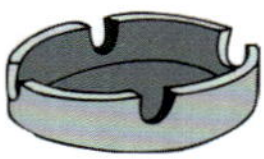

**Будь ласка, принесіть мені попільничку.**
Bitte bringen Sie mir einen Aschenbecher.
['bɪtə 'bʀɪŋən ziː miːɐ̯ 'aɪ̯nən 'aʃn̩ˌbɛçɐ]

**Де знаходиться ресторан?**
Wo ist das Restaurant?
[voː ɪst das ˌʀɛsto'ʀãː]

**Тут є буфет?**
Gibt es hier eine Imbissstube?
[giːpt ɛs hiːɐ̯ 'aɪ̯nə 'ɪmbɪsˌʃtuːbə]

**О котрій можна поїсти?**
Zu welcher Uhrzeit gibt es Mahlzeiten?
[t͡suː 'vɛlçɐ 'uːɐ̯ˌt͡saɪ̯t giːpt ɛs 'maːlˌt͡saɪ̯tn̩]

**Я хотів би замовити сніданок на завтра.**
Ich würde gerne für morgen Frühstück bestellen.
[ɪç 'vʏʁdə 'gɛʁnə fyːɐ̯ 'mɔʁgŋ̍ 'fʀyːʃtʏk ˌbə'ʃtɛlən]

**Можна дійти пішки чи краще взяти таксі?**
Kann ich laufen oder sollte ich ein Taxi nehmen?
[kan ɪç 'laʊ̯fn̩ 'o:dɐ 'zɔltə ɪç aɪ̯n 'taksi 'ne:mən]

**Для мене не залишали повідомлень?**
Gibt es Telefonnachrichten für mich?
[gi:pt ɛs tɛ'lɛfɔ:nˌna:χʁɪçtn̩ fy:ɐ̯ mɪç]

**Для мене не залишали пошти?**
Gibt es irgendwelche Post für mich?
[gi:pt ɛs 'ɪʁgn̩tˌvɛlçə pɔst fy:ɐ̯ mɪç]

**Дайте мені, будь ласка, візитку з адресою вашого готелю.**
Bitte geben Sie mir eine Visitenkarte mit der Hoteladresse.
['bɪtə 'ge:bn̩ zi: mi:ɐ̯ 'aɪ̯nə vi'zi:tn̩ˌkaʁtə mɪt de:ɐ̯ ho'tɛlaˌdʀɛsə]

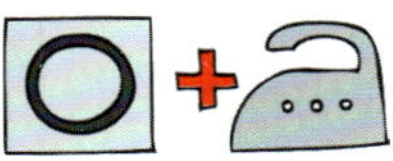

**Ви можете почистити і випрасувати це плаття?**
Bitte reinigen und bügeln Sie dieses Kleid.
['bɪtə 'ʀaɪ̯nɪgŋ̍ ʊnt 'by:gln zi: 'di:zəs klaɪ̯t]

**Відправте, будь ласка, цей одяг у пральню.**
Könnten Sie bitte diese Sachen zur Wäscherei schicken?
['kœntn̩ zi: 'bɪtə 'di:zə 'zaχn̩ tsu:ɐ̯ ˌvɛʃə'ʀaɪ̯ 'ʃɪkn̩]

**Я хочу здати це для прання.**
Ich würde das gerne waschen lassen.
[ɪç 'vʏʁdə das 'gɛʁnə 'vaʃn̩ 'lasn̩]

**Ви можете видалити цю пляму?**
Können Sie diesen Fleck entfernen?
['kœnən zi: 'di:zən flɛk ˌɛnt'fɛʁnən]

**Випрасуйте це, будь ласка.**
Bitte bügeln Sie das.
['bɪtə 'by:gln zi: das]

**Коли мій одяг буде готовий?**
Wann werden meine Sachen fertig sein?
[van 've:ɐ̯dn̩ 'maɪ̯nə 'zaχn̩ 'fɛʁtɪç 'fɛʁtɪk zaɪ̯n]

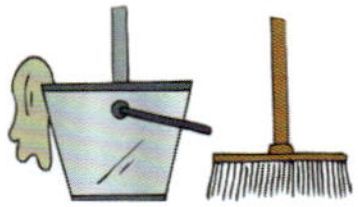

**Будь ласка, приберіть в цьому номері.**
Bitte räumen Sie das Zimmer auf.
['bɪtə 'ʁɔɪ̯mən zi: das 'tsɪmɐ aʊ̯f]

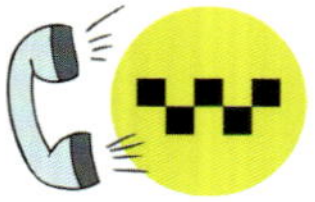

**Чи не могли б Ви викликати таксі?**
Bitte rufen Sie ein Taxi.
['bɪtə 'ʁu:fn̩ zi: aɪ̯n 'taksi]

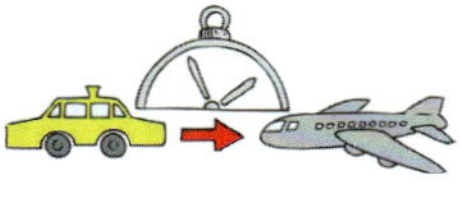

**Скільки часу їхати в аеропорт на таксі?**
Wie lange fährt man mit dem Taxi zum Flughafen?
[vi: 'laŋə fɛ:ɐ̯t man mɪt de:m 'taksi tsʊm 'flu:kˌha:fn̩]

**Який у Вас код країни?**
Wie ist Ihre internationale Vorwahl?
[vi: ɪst 'i:ʁə ˌɪntenatsi̯o'na:lə 'fo:ɐ̯ˌva:l]

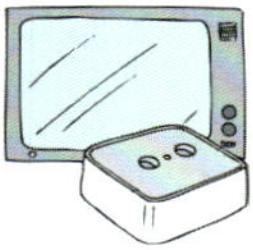

**В готелі є кабельне телебачення?**
Hat das Hotel Kabelfernsehen?
[hat das ho'tɛl 'ka:bl̩ˌfɛʁnˌze:ən]

**В готелі є гараж?**
Hat das Hotel ein Parkhaus?
[hat das ho'tɛl aɪ̯n 'paʁkˌhaʊ̯s]

**В готелі є сауна?**
Hat das Hotel eine Sauna?
[hat das ho'tɛl 'aɪ̯nə 'zaʊ̯na]

**Де аварійний вихід?**
Wo ist der Notausgang?
[vo: ɪst de:ɐ̯ 'no:tʔaʊ̯sˌgaŋ]

## Обслуговування (Корисні слова)

**Не турбувати**. . . . . . . . .Bitte nicht stören. ['bɪtə nɪçt 'ʃtø:ʀən]
**напівпансіон**. . . . . . . . .Halbpension ['halppaŋˌzi̯o:n]
**тільки сніданки**. . . . . . .Zimmer mit Frühstück ['tsɪmɐ mɪt 'fʀy:ʃtʏk]
**повний пансіон**. . . . . . .Vollpension ['fɔlpaŋˌzi̯o:n]
**все включено** . . . . . . . .Alles eingeschlossen ['aləs 'aɪ̯ngəʃlɔsn̩]
**ресторан**. . . . . . . . . . . .Restaurant [ʀɛsto'ʀɑ̃:]
**бар** . . . . . . . . . . . . . . . .Bar [ba:ɐ̯]
**кафе** . . . . . . . . . . . . . . .Café [ka'fe:]
**ліфт**. . . . . . . . . . . . . . .Fahrstuhl ['fa:ɐ̯ʃtu:l]
**сувеніри** . . . . . . . . . . .Souvenirladen [zuvə'ni:ɐ̯ˌla:dn̩]
**басейн** . . . . . . . . . . . .Schwimmbad ['ʃvɪmba:t]
**носильник**. . . . . . . . . . .Gepäckträger [gə'pɛkˌtʀɛ:gɐ]
**покоївка** . . . . . . . . . . .Zimmermädchen ['tsɪmɐˌmɛ:tçən]
**інформація** . . . . . . . . .Information [ɪnfɔʁma'tsi̯o:n]
**пральня** . . . . . . . . . . . .Wäscherei [vɛʃə'ʀaɪ̯]
**стоянка під охороною**. .Bewachter Parkplatz [bə'vaχtɐ 'paʁkˌplats]
**доступ до Інтернету** . . .Internetzugang ['ɪntɐnɛtˌtsu:gaŋ]
**міні-бар** . . . . . . . . . . .Minibar ['mɪniˌba:ɐ̯]

**Скарги** - *Beschwerden*

**У мене в номері проблема.**
Ich habe ein Problem in meinem Zimmer.
[ɪç ˈhaːbə aɪ̯n pʁoˈbleːm ɪn ˈmaɪ̯nəm ˈt͡sɪmɐ]

**У мене в номері погано пахне.**
Es riecht schlecht in meinem Zimmer.
[ɛs ʁiːχt ʃlɛçt ɪn ˈmaɪ̯nəm ˈt͡sɪmɐ]

**Телевізор не працює.**
Der Fernseher funktioniert nicht.
[deːɐ̯ ˈfɛʁnˌzeːɐ ˌfʊŋkt͡si̯oˈniːɐ̯t nɪçt]

**Телефон не працює.**
Das Telefon funktioniert nicht.
[das ˌtɛlɛˈfɔːn ˌfʊŋkt͡si̯oˈniːɐ̯t nɪçt]

**Ключ не працює.**
Der Schlüssel funktioniert nicht.
[deːɐ̯ ˈʃlʏsl̩ ˌfʊŋkt͡si̯oˈniːɐ̯t nɪçt]

**Вимикач не працює.**
Der Schalter funktioniert nicht.
[deːɐ̯ ˈʃaltɐ ˌfʊŋkt͡si̯oˈniːɐ̯t nɪçt]

**Холодильник не працює.**
Der Kühlschrank funktioniert nicht.
[deːɐ̯ ˈkyːlʃʁaŋk ˌfʊŋktsi̯oˈniːɐ̯t nɪçt]

**Кондиціонер не працює.**
Die Klimaanlage funktioniert nicht.
[diː ˈkliːmaˌʔanlaːɡə ˌfʊŋktsi̯oˈniːɐ̯t nɪçt]

**Душ не працює.**
Die Dusche funktioniert nicht.
[diː ˈduːʃə ˌfʊŋktsi̯oˈniːɐ̯t nɪçt]

**Немає гарячої води.**
Es gibt kein warmes Wasser.
[ɛs ɡiːpt kai̯n ˈvaʁməs ˈvasɐ]

**Раковина засмічена.**
Der Abfluss ist verstopft.
[deːɐ̯ ˈapˌflʊs ɪst fɛɐ̯ˈʃtɔpft]

**Вікно не закривається.**
Das Fenster schließt nicht.
[das ˈfɛnstɐ ʃliːst nɪçt]

**Вікно не відчиняється.**
Das Fenster lässt sich nicht öffnen.
[das ˈfɛnstɐ lɛst zɪç sɪç nɪçt ˈœfnən]

**У мене в номері занадто жарко.**
In meinem Zimmer ist es zu warm.
[ɪn ˈmai̯nəm ˈtsɪmɐ ɪst ɛs tsuː vaʁm]

**У мене в номері дуже холодно.**
In meinem Zimmer ist es zu kalt.
[ɪn ˈmai̯nəm ˈt͡sɪmɐ ɪst ɛs t͡suː kalt]

**Я хотів би змінити номер.**
Ich würde gerne mein Zimmer wechseln.
[ɪç ˈvʏʁdə ˈɡɛʁnə mai̯n ˈt͡sɪmɐ ˈvɛksl̩n]

**У моєму номері не прибрано.**
Mein Zimmer wurde nicht aufgeräumt.
[mai̯n ˈt͡sɪmɐ ˈvʊʁdə nɪçt ˈau̯fɡəˌʁɔɪ̯mt]

**У цьому номері комахи.**
In diesem Zimmer gibt es Ungeziefer.
[ɪn ˈdiːzəm ˈt͡sɪmɐ ɡiːpt ɛs ˈʊnɡəˌt͡siːfɐ]

**Я досі чекаю на замовлений сніданок.**
Ich warte immer noch auf das Frühstück, das ich bestellt habe.
[ɪç ˈvaʁtə ˈɪmɐ nɔχ au̯f das ˈfʁyːʃtʏk das ɪç bəˈʃtɛlt ˈhaːbə]

## Скарги (Корисні слова)

| | |
|---|---|
| **холодильник** | Kühlschrank [ˈkyːlʃʁaŋk] |
| **лампа** | Lampe [ˈlampə] |
| **кондиціонер** | Klimaanlage [ˈkliːmaˌʔanlaːɡə] |
| **опалення** | Heizung [ˈhai̯t͡sʊŋ] |
| **кран** | Hahn [haːn] |
| **раковина** | Waschbecken [ˈvaʃˌbɛkn̩] |
| **душ** | Dusche [ˈduːʃə] |
| **вимикач** | Schalter [ˈʃaltɐ] |
| **телевізор** | Fernseher [ˈfɛʁnˌzeːɐ] |
| **телефон** | Telefon [tɛˌlɛfɔːn] |

**Я виписуюсь.**
Ich reise ab.
[ɪç ˈʀaɪ̯zə ap]

**Я хочу поїхати на день раніше.**
Ich möchte einen Tag früher abreisen.
[ɪç ˈmœçtə ˈaɪ̯nən taːk ˈfʀyːɐ ˈapˌʀaɪ̯zn̩]

**Я хотів би пожити тут ще кілька днів.**
Ich möchte meinen Aufenthalt um einige Tage verlängern.
[ɪç ˈmœçtə ˈmaɪ̯nən ˈaʊ̯fʔɛnthalt ʊm ˈaɪ̯nɪɡə ˈtaːɡə fɛɐ̯ˈlɛŋɐn]

**Можна заплатити пізніше?**
Kann ich später zahlen?
[kan ɪç ˈʃpɛːtɐ ˈʦaːlən]

**Сплата** - *Bezahlung*

**Я заплачу готівкою.**
Ich werde bar zahlen.
[ɪç ˈveːɐ̯də baːɐ̯ ˈʦaːlən]

**Я заплачу кредитною карткою.**
Ich werde mit Kreditkarte zahlen.
[ɪç ˈveːɐ̯də mɪt kʀeˈdiːtˌkaʁtə ˈʦaːlən]

**Можна мені отримати рахунок?**
Kann ich die Rechnung haben?
[kan ɪç diː ˈʀɛçnʊŋ ˈhaːbən]

**Скільки мені нарахували за користування міні-баром?**
Wie viel wurde mir für die Minibar berechnet?
[viː fiːl ˈvʊʁdə miːɐ̯ fyːɐ̯ diː ˈmɪniˌbaːɐ̯ ˌbəˈʀɛçnət]

**Скільки мені нарахували за обслуговування номеру?**
Wie viel wurde mir für den Zimmerservice berechnet?
[viː fiːl ˈvʊʁdə miːɐ̯ fyːɐ̯ deːn ˈʦɪmɐˌsɜːvɪs ˌbəˈʀɛçnət]

**Вибачте, це не мій підпис.**
Es tut mir leid, aber das ist nicht meine Unterschrift.
[ɛs tuːt miːɐ̯ laɪ̯t ˈaːbɐ das ɪst nɪçt ˈmaɪ̯nə ˈʊntɐʃʀɪft]

**Ви приймаєте кредитні картки?**
Akzeptieren Sie eine Kreditkarte?
[ˌakt͡sɛpˈtiːʁən ziː ˈaɪ̯nə kʁeˈdiːtˌkaʁtə]

**Ви приймаєте дорожні чеки?**
Akzeptieren Sie Reiseschecks?
[ˌakt͡sɛpˈtiːʁən ziː ˈʁaɪ̯zəˌʃɛks]

**Замовте мені таксі, будь ласка.**
Bitte bestellen Sie mir ein Taxi.
[ˈbɪtə bəˈʃtɛlən ziː miːɐ̯ aɪ̯n ˈtaksi]

**Мені тут сподобалось.**
Mein Aufenthalt hat mir gefallen.
ˈmaɪ̯n ˈaʊ̯fʔɛnthalt hat miːɐ̯ ˌɡəˈfalən]

**Я хочу орендувати квартиру.**
Ich möchte eine Wohnung zum Mieten finden.
[ɪç ˈmœçtə ˈaɪ̯nə ˈvo:nʊŋ tsʊm ˈmi:tn̩ ˈfɪndn̩]

**Я хочу орендувати будинок.**
Ich möchte ein Haus zum Mieten finden.
[ɪç ˈmœçtə aɪ̯n haʊ̯s tsʊm ˈmi:tn̩ ˈfɪndn̩]

**Скільки становить перший внесок?**
Wie hoch ist die Anzahlung?
[vi: ho:χ ɪst di: ˈanˌʦa:lʊŋ]

**Скільки треба платити в місяць?**
Wie hoch ist die Monatsrate?
[vi: ho:χ ɪst di: ˈmo:naʦˌʀa:tə]

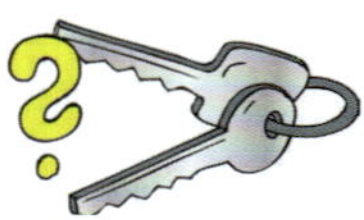

**Де нам забрати ключі?**
Wo können wir die Schlüssel abholen?
[vo: ˈkœnən vi:ɐ̯ di: ˈʃlʏsl̩ ˈapˌho:lən]

**Де тут електролічильник?**
Wo ist der Stromzähler?
[vo: ɪst deːɐ̯ 'ʃtʀoːmˌʦɛːlɐ]

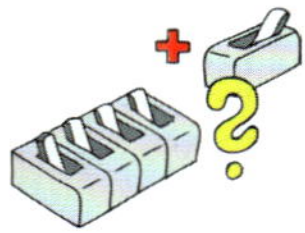

**Чи є запасні пробки?**
Gibt es Ersatzsicherungen?
[giːpt ɛs ɛɐ̯'zaʦˌzɪçəʀʊŋən]

**Де тут водонагрівач?**
Wo ist der Boiler?
[voː ɪst deːɐ̯ 'bɔɪ̯lɐ]

**Оренда житла (Корисні слова)**

| | |
|---|---|
| плита | Herd [heːɐ̯t] |
| сковорода | Bratpfanne ['bʀaːtˌpfanə] |
| тарілки | Teller ['tɛlɐ] |
| духовка | Ofen ['oːfn̩] |
| ковдри | Decken ['dɛkn̩] |
| стіл | Tisch [tɪʃ] |
| стільці | Stühle ['ʃtyːlə] |

**Як працює плита?**
Wie funktioniert der Herd?
[viː ˌfʊŋkt͡si̯oˈniːɐ̯t deːɐ̯ heːɐ̯t]

**Як працює водонагрівач?**
Wie funktioniert der Boiler?
[viː ˌfʊŋkt͡si̯oˈniːɐ̯t deːɐ̯ ˈbɔɪ̯lɐ]

**Чайник не працює.**
Der Wasserkessel funktioniert nicht.
[deːɐ̯ ˈvasɐkɛsl̩ ˌfʊŋkt͡si̯oˈniːɐ̯t nɪçt]

**Морозильник не працює.**
Der Gefrierschrank funktioniert nicht.
[deːɐ̯ ɡəˈfʁiːɐ̯ʃʁaŋk ˌfʊŋkt͡si̯oˈniːɐ̯t nɪçt]

**Бойлер не працює.**
Der Boiler funktioniert nicht.
[deːɐ̯ ˈbɔɪ̯lɐ ˌfʊŋkt͡si̯oˈniːɐ̯t nɪçt]

**Пральна машина не працює.**
Die Waschmaschine funktioniert nicht.
[diː ˈvaʃmaʃiːnə ˌfʊŋkt͡si̯oˈniːɐ̯t nɪçt]

# МІСЬКИЙ ТРАНСПОРТ
# STADTVERKEHR

**Де найближча зупинка автобуса?**
Wo ist die nächste Bushaltestelle?
[vo: ɪst di: ˈnɛ:çstə ˈbʊshaltəʃtɛlə]

**Де найближча станція метро?**
Wo ist die nächste U-Bahn-Station?
[vo: ɪst di: ˈnɛ:çstə ˈu:ba:nʃtaˌt͡si̯o:n]

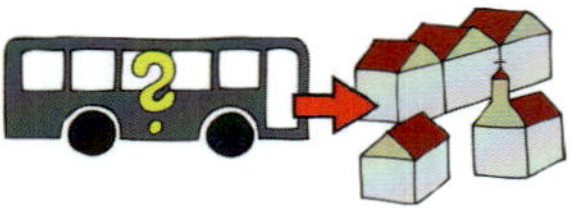

**Який автобус їде в центр?**
Welcher Bus fährt in die Innenstadt?
[ˈvɛlçɐ bʊs fɛ:ɐ̯t ɪn di: ˈɪnənʃtat]

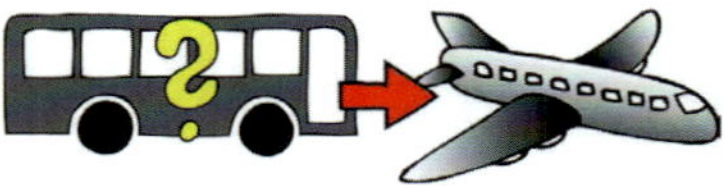

**Який автобус їде в аеропорт?**
Welcher Bus fährt zum Flughafen?
[ˈvɛlçɐ bʊs fɛ:ɐ̯t tsʊm ˈflu:kˌha:fn̩]

**О котрій йде останній автобус в аеропорт?**
Um wie viel Uhr fährt der letzte Bus zum Flughafen?
[ʊm vi: fi:l u:ɐ̯ fɛ:ɐ̯t de:ɐ̯ ˈlɛt͡stə bʊs tsʊm ˈflu:kˌha:fn̩]

**Цей автобус йде туди?**
Fährt dieser Bus dorthin?
[fɛ:ɐ̯t ˈdi:zɐ bʊs ˈdɔʁthɪn]

**О котрій йде наступний автобус в аеропорт?**
Um wie viel Uhr fährt der nächste Bus zum Flughafen?
[ʊm vi: fi:l u:ɐ̯ fɛ:ɐ̯t de:ɐ̯ ˈnɛ:çstə bʊs tsʊm ˈflu:kˌha:fn̩]

**Як мені купити квиток?**
Wo kann ich einen Fahrschein kaufen?
[vo: kan ɪç ˈaɪ̯nən ˈfa:ɐ̯ʃaɪ̯n ˈkaʊ̯fn̩]

**Я можу купити проїзний на тиждень?**
Kann ich eine Wochenkarte kaufen?
[kan ɪç ˈaɪ̯nə ˈvɔxn̩ˌkaʁtə ˈkaʊ̯fn̩]

**Скільки часу діє квиток туди і назад?**
Wie lange ist ein Hin- und Rückfahrschein gültig?
[vi: ˈlaŋə ɪst aɪ̯n ˈhɪn ʊnt ˈʀʏkˌfa:ɐ̯ʃaɪ̯n ˈgʏltɪç]

**Я можу купити проїзний на місяць?**
Kann ich eine Monatskarte kaufen?
[kan ɪç ˈaɪ̯nə ˈmo:naʦˌkaʁtə ˈkaʊ̯fn̩]

**Чи є у Вас знижки для груп?**
Gibt es einen Gruppentarif?
[gi:pt ɛs ˈaɪ̯nən ˈgʀʊpn̩taˌʀi:f]

**Скільки коштує квиток туди?**
Wie hoch ist der Fahrpreis bis dorthin?
[vi: ho:χ ɪst de:ɐ̯ ˈfa:ɐ̯ˌpʀaɪ̯s bɪs ˈdɔʁthɪn]

**Скільки коштує проїзд?**
Was kostet eine Fahrt?
[vas ˈko:stət ˈaɪ̯nə fa:ɐ̯t]

**Автобус/Метро** - *Bus/U-Bahn*

**Мені потрібно доплатити за багаж?**
Muss ich für mein Gepäck extra zahlen?
[mʊs ɪç fyːɐ̯ maɪ̯n gəˈpɛk ˈɛkstʀa ˈt͡saːlən]

**Я хочу вийти тут.**
Ich möchte hier aussteigen, bitte.
[ɪç ˈmœçtə hiːɐ̯ ˈaʊ̯sʃtaɪ̯gən ˈbɪtə]

**Будь ласка, скажіть, коли мені потрібно буде виходити.**
Bitte sagen Sie mir, wo ich aussteigen muss.
[ˈbɪtə ˈzaːgŋ ziː miːɐ̯ voː ɪç ˈaʊ̯sʃtaɪ̯gən mʊs]

**На наступній зупинці, будь ласка.**
Nächste Haltestelle, bitte.
[ˈnɛːçstə ˈhaltəʃtɛlə ˈbɪtə]

**Я хочу здати квиток.**
Ich möchte diesen Fahrschein stornieren.
[ɪç ˈmœçtə ˈdiːzən ˈfaːɐ̯ʃaɪ̯n ʃtɔʁˈniːʀən]

### Автобус/Метро (Корисні слова)

**дорослий** . . . . . . . . . . . Erwachsener [ɛɐ̯ˈvaksənɐ]
**дитячий** . . . . . . . . . . . . Kind [kɪnt]
**автобус** . . . . . . . . . . . . . Reisebus [ˈʀaɪ̯zəˌbʊs]
**кондуктор** . . . . . . . . . . . Schaffner [ˈʃafnɐ]
**плата за проїзд** . . . . . . . Fahrpreis [ˈfaːɐ̯ˌpʀaɪ̯s]
**квиток** . . . . . . . . . . . . . . Fahrschein [ˈfaːɐ̯ʃaɪ̯n]
**автобусна зупинка** . . . . . Bushaltestelle [ˈbʊshaltəʃtɛlə]
**карта метро** . . . . . . . . . U-Bahn-Streckenkarte [ˈuːˌbaːn ˈʃtʀɛkn̩ˌkaʁtə]
**розклад** . . . . . . . . . . . . Fahrplan [ˈfaːɐ̯ˌplaːn]
**пересадка** . . . . . . . . . . . Transfer/Verbindung [tʀansˈfeːɐ̯ / fɛɐ̯ˈbɪndʊŋ]
**немає входу** . . . . . . . . . Kein Eingang [kaɪ̯n ˈaɪ̯nˌgaŋ]

**Де стоянка таксі?**
Wo ist ein Taxistand?
[vo: ɪst ai̯n 'taksiʃtant]

**Викличте мені таксі, будь ласка.**
Würden Sie bitte ein Taxi für mich rufen?
['vʏʁdən zi: 'bɪtə ai̯n 'taksi fy:ɐ̯ mɪç 'ʀu:fn̩]

**Мені потрібно таксі зараз.**
Ich möchte jetzt ein Taxi haben.
[ɪç 'mœçtə jɛʦt ai̯n 'taksi 'ha:bən]

**Ви вільні?**
Sind Sie frei?
[zɪnt zi: fʀai̯]

**Мені потрібно таксі за годину.**
Ich möchte in einer Stunde ein Taxi haben.
[ɪç 'mœçtə ɪn 'ai̯nɐ 'ʃtʊndə ai̯n 'taksi 'ha:bən]

**Відвезіть мене в аеропорт, будь ласка.**
Fahren Sie mich bitte zum Flughafen.
['fa:ʀən zi: mɪç 'bɪtə tsʊm 'flu:k̩ha:fn̩]

**Відвезіть мене в цей готель, будь ласка.**
Fahren Sie mich bitte zu diesem Hotel.
['fa:ʀən zi: mɪç 'bɪtə ʦu: 'di:zəm ho'tɛl]

**Таксі** - *Taxi*

**Відвезіть мене туди, будь ласка.**
Fahren Sie mich bitte dorthin.
['fa:ʀən zi: mɪç 'bɪtə 'dɔʁthɪn]

**Відвезіть мене у центр міста, будь ласка.**
Fahren Sie mich bitte in die Innenstadt.
['fa:ʀən zi: mɪç 'bɪtə ɪn di: 'ɪnənˌʃtat]

**Скільки коштує доїхати до аеропорту?**
Wie viel kostet eine Fahrt zum Flughafen?
[vi: fi:l 'ko:stət 'aɪ̯nə fa:ɐ̯t tsʊm 'flu:kˌha:fn̩]

**Скільки коштує доїхати до вокзалу?**
Wie viel kostet eine Fahrt zum Bahnhof?
[vi: fi:l 'ko:stət 'aɪ̯nə fa:ɐ̯t tsʊm 'ba:nˌho:f]

**Дорого.**
Zu viel.
[t͡su: fi:l]

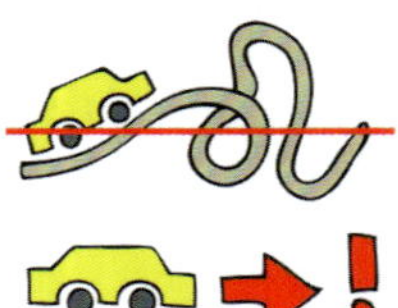

**Найкоротшим шляхом, будь ласка.**
Auf direktem Weg.
[aʊ̯f ˌdi'ʀɛktəm ve:k]

**Праворуч.**
Nach rechts.
[na:χ ʀɛçts]

**Ліворуч.**
Nach links.
[na:χ lɪŋks]

**Зупиніться тут.**
Halten Sie hier an.
['haltən zi: hi:ɐ̯ an]

**Повільніше.**
Fahren Sie langsamer.
['fa:ʀən zi: 'laŋˌza:mɐ]

**Ви можете зачекати?**
Können Sie warten?
['kœnən zi: 'vaʁtən]

**Це Вам.**
Das ist für Sie.
[das ɪst fy:ɐ̯ zi:]

**Скільки я Вам винен?**
Wie viel schulde ich?
[vi: fi:l 'ʃʊldə ɪç]

**Решту, будь ласка.**
Mein Wechselgeld, bitte.
[maɪ̯n 'vɛksl̩ˌgɛlt 'bɪtə]

**Оренда автомобіля** - *Autoverleih*

**Я хочу взяти напрокат машину.**
Ich möchte ein Auto mieten.
[ɪç 'mœçtə ai̯n 'au̯to 'mi:tən]

**Я хочу взяти напрокат мотоцикл.**
Ich möchte ein Motorrad mieten.
[ɪç 'mœçtə ai̯n 'mo:to:ɐ̯ˌʀa:t 'mi:tən]

**Я хочу взяти напрокат скутер.**
Ich möchte einen Motorroller mieten.
[ɪç 'mœçtə 'ai̯nən 'mo:to:ɐ̯ˌʀɔlɐ 'mi:tən]

**Я хочу взяти напрокат машину з водієм.**
Ich möchte ein Auto mit Fahrer mieten.
[ɪç 'mœçtə ai̯n 'au̯to mɪt 'fa:ʀɐ 'mi:tən]

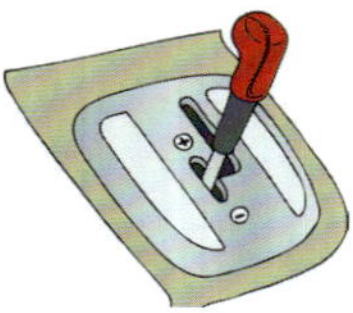

**автоматичну коробку передач**
ein Automatikgetriebe
[ai̯n au̯to'ma:tɪkgəˌtʀi:bə]

**Скільки це буде коштувати в день?**
Was kostet es pro Tag?
[vas 'ko:stət ɛs pʀo: ta:k]

**Які документи мені потрібно мати з собою?**
Welche Dokumente soll ich dabeihaben?
['vɛlçə ˌdoku'mɛntə zɔl ɪç da·'bai̯ˌha:bən]

**Ось моє міжнароднє водійське посвічення.**
Das ist meine internationale Fahrerlaubnis.
[das ɪst 'mai̯nə ˌɪntɐnatsi̯o'na:lə 'fa:ɐ̯ʔɛɐ̯ˌlau̯pnɪs]

**Ціна включає страхування?**
Schließt dieser Preis eine Versicherung mit ein?
[ʃliːst ˈdiːzɐ pʀaɪ̯s ˈaɪ̯nə ˌfɛɐ̯ˈzɪçəʀʊŋ mɪt aɪ̯n]

**Скільки це буде коштувати за кілометр?**
Was kostet es pro Kilometer?
[vas ˈkoːstət ɛs pʀoː ˌkiloˈmeːtɐ]

**Скільки це буде коштувати за уікенд?**
Was kostet es pro Wochenende?
[vas ˈkoːstət ɛs pʀoː ˈvɔχn̩ˌʔɛndə]

**Який мінімальний термін оренди?**
Wie lang ist der minimale Mietzeitraum?
[viː laŋ ɪst deːɐ̯ miniˈmaːlə ˈmiːtˌt͡saɪ̯tˌʀaʊ̯m]

**Я маю залишати заставу?**
Muss ich eine Kaution zahlen?
[mʊs ɪç ˈaɪ̯nə kaʊ̯ˈt͡si̯oːn ˈt͡saːlən]

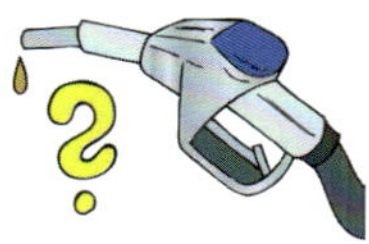

**Машина заправлена?**
Ist das Auto betankt?
[ɪst das ˈaʊ̯to bəˈtaŋkt]

**Скільки потрібно платити за додатковий пробіг?**
Wie viel muss man für zusätzliche Kilometer bezahlen?
[viː fiːl mʊs man fyːɐ̯ ˈt͡suːˌt͡sɛtslɪçə ˌkiloˈmeːtɐ ˌbəˈt͡saːlən]

**На якому паливі вона їздить?**
Welchen Kraftstoff braucht es?
[ˈvɛlçn̩ ˈkʀaftʃtɔf bʀaʊ̯χt ɛs]

**Я хотів би випробувати машину.**
Ich würde das Auto gerne ausprobieren.
[ɪç 'vʏʁdə das 'au̯to 'gɛʁnə 'au̯spʀo͵bi:ʀən]

**Де я можу її повернути?**
Wo kann ich es abgeben?
[vo: kan ɪç ɛs 'ap͵ge:bən]

**Потрібно повертати машину з повним баком?**
Soll ich das Auto vollgetankt abgeben?
[zɔl ɪç das 'au̯to 'fɔlgə͵taŋkt 'ap͵ge:bən]

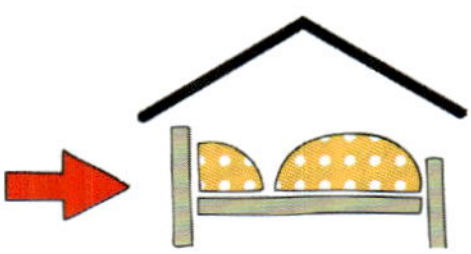

**Будь ласка, надішліть машину до мого готелю.**
Bitte schicken Sie ein Auto zu meinem Hotel.
['bɪtə 'ʃɪkn̩ zi: aɪ̯n 'au̯to ʦu: 'maɪ̯nəm ho'tɛl]

**Я хочу подати заяву на відшкодування збитку по автомобільній страховці.**
Ich möchte eine Autoversicherung abschließen.
[ɪç 'mœçtə 'aɪ̯nə 'au̯tofɛɐ̯͵zɪçəʀʊŋ 'ap͵ʃli:sn̩]

**Оренда автомобіля (Корисні слова)**

прокат авто . . . . . . . . . . . . . . . . .Autoverleih ['au̯tofɛɐ̯͵laɪ̯]
угода про оренду . . . . . . . . . . . .Mietvertrag ['mi:tfɛɐ̯͵tʀa:k]
бак . . . . . . . . . . . . . . . . . . . . . . . .Tank [taŋk]
страховка . . . . . . . . . . . . . . . . . . .Versicherung [fɛɐ̯'zɪçəʀʊŋ]

**Де можна припаркуватися?**
Wo kann ich parken?
[voː kan ɪç 'paʁkn̩]

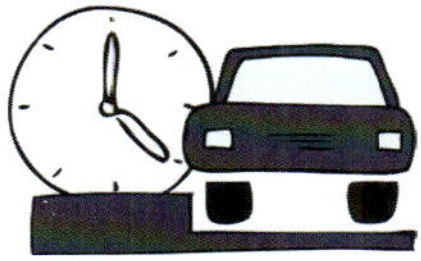

**На скільки я можу залишити тут машину?**
Wie lange kann ich hier parken?
[viː 'laŋə kan ɪç hiːɐ̯ 'paʁkn̩]

**Потрібно сплачувати за парковку машини?**
Muss ich hier für das Parken bezahlen?
[mʊs ɪç hiːɐ̯ fyːɐ̯ das 'paʁkn̩ ˌbə'ʦaːlən]

**Де найближчий гараж?**
Wo ist das nächste Parkhaus?
[voː ɪst das 'nɛːçstə 'paʁkˌhaʊ̯s]

**Де найближча парковка?**
Wo ist der nächste Parkplatz?
[voː ɪst deːɐ̯ 'nɛːçstə 'paʁkˌplaʦ]

**Скільки за годину?**
Wie ist die Gebühr pro Stunde?
[viː ɪst diː gə'byːɐ̯ pʀoː 'ʃtʊndə]

**Скільки за день?**
Wie ist die Gebühr pro Tag?
[viː ɪst diː gə'byːɐ̯ pʀoː taːk]

**Водіння / Паркування** - *Fahren/Parken*

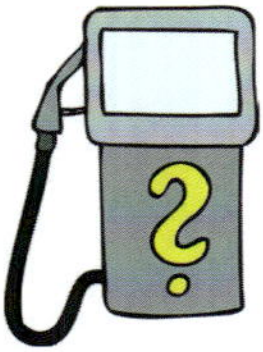

**Де найближча заправка?**
Wo ist die nächste Tankstelle?
[voː ɪst diː ˈnɛːçstə ˈtaŋkˌʃtɛlə]

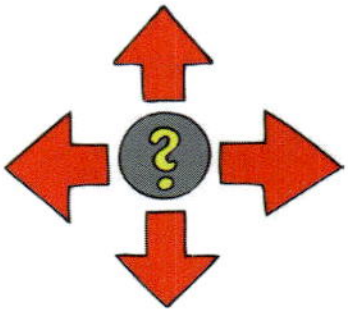

**В який бік треба їхати?**
In welche Richtung soll ich fahren?
[ɪn ˈvɛlçə ˈʀɪçtʊŋ zɔl ɪç ˈfaːʀən]

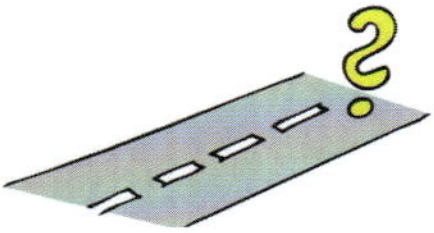

**Куди веде ця дорога?**
Wohin führt diese Straße?
[voˈhɪn fyːɐ̯t ˈdiːzə ˈʃtʀaːsə]

**Покажіть, будь ласка, на карті, де я?**
Können Sie mir auf der Karte zeigen, wo ich bin?
[ˈkœnən ziː miːɐ̯ aʊ̯f deːɐ̯ ˈkaʁtə ˈʦaɪ̯gn̩ voː ɪç bɪn]

**Де виїзд на автостраду?**
Wo ist die Einfahrt zur Autobahn?
[voː ɪst diː ˈaɪ̯nˌfaːɐ̯t tsuːɐ̯ ˈaʊ̯toˌbaːn]

## Водіння / Паркування (Корисні слова)

дорога . . . . . . . . . . . . . . . Straße ['ʃtʀa:sə]
ремонтні роботи. . . . . . . . Baustelle ['baʊ̯ʃtɛlə]
перехрестя . . . . . . . . . . . . Kreuzung ['kʀɔɪ̯tsʊŋ]
поворот (дороги) . . . . . . . Kurve ['kʊʁvə]
кільцева розв'язка . . . . . . Kreisverkehr ['kʀaɪ̯sfɛɐ̯ˌke:ɐ̯]
світлофор . . . . . . . . . . . . . Ampel ['ampl̩]
дорожній знак . . . . . . . . . Verkehrszeichen [fɛɐ̯'ke:ɐ̯sˌtsaɪ̯çn̩]
вантажівка . . . . . . . . . . . . Lastkraftwagen ['lastkʀaftˌva:gn̩]
пішохід . . . . . . . . . . . . . . . Fußgänger ['fu:sˌgɛŋɐ]
пішохідна зона . . . . . . . . . Fußgängerzone ['fu:sgɛŋɐˌtso:nə]
парковка. . . . . . . . . . . . . . Parken ['paʁkn̩]
платна парковка . . . . . . . . gebührenpflichtiger Parkplatz [gə'by:ʀənˌpflɪçtɪgə 'paʁkˌplats]
безкоштовне паркування gebührenfreier Parkplatz [gə'by:ʀənˌfʀaɪ̯ɐ 'paʁkˌplats]
автомагістраль . . . . . . . . . Autobahn ['aʊ̯toˌba:n]
платна дорога. . . . . . . . . . gebührenpflichtige Straße [gə'by:ʀənˌpflɪçtɪgɐ 'ʃtʀa:sə]
велосипедна доріжка . . . . Fahrradweg ['fa:ɐ̯ʀa:tˌve:k]
швидкість . . . . . . . . . . . . . Geschwindigkeit [gə'ʃvɪndɪçkaɪ̯t]
спідометр . . . . . . . . . . . . . Tachometer ['taxoˌme:tɐ]
прямо . . . . . . . . . . . . . . . . geradeaus [gəʀa:də'ʔaʊ̯s]
лівий. . . . . . . . . . . . . . . . . links [lɪŋks]
правий . . . . . . . . . . . . . . . rechts [ʀɛçts]
перший. . . . . . . . . . . . . . . erst [e:ɐ̯st]
наступний. . . . . . . . . . . . . dann [dan]
тунель. . . . . . . . . . . . . . . . Tunnel ['tʊnl̩]
північ . . . . . . . . . . . . . . . . Norden ['nɔʁdn̩]
південь . . . . . . . . . . . . . . . Süden ['zy:dn̩]
схід . . . . . . . . . . . . . . . . . . Osten ['ɔstən]
захід . . . . . . . . . . . . . . . . . Westen ['vɛstn̩]
панель приладів . . . . . . . . Armaturenbrett [aʁma'tu:ʁənˌbʀɛt]
місце водія . . . . . . . . . . . . Fahrersitz ['fa:ʀɐˌzɪts]
посвідчення водія. . . . . . . Fahrerlaubnis ['fa:ɐ̯ʔɛɐ̯ˌlaʊ̯pnɪs]

**Повний бак, будь ласка.**
Tanken Sie es bitte voll.
['taŋkn̩ zi: ɛs 'bɪtə fɔl]

**Неетилований бензин, будь ласка.**
Ich brauche Bleifrei.
[ɪç 'bʀaʊ̯χə 'blaɪ̯ˌfʀaɪ̯]

**Звичайний бензин, будь ласка.**
Ich brauche Normal.
[ɪç 'bʀaʊ̯χə nɔʁ'ma:l]

**Дизпаливо, будь ласка.**
Ich brauche Diesel.
[ɪç 'bʀaʊ̯χə 'di:zl̩]

**Бензин найвищої якості, будь ласка.**
Ich brauche Super.
[ɪç 'bʀaʊ̯χə 'zu:pɐ]

**Ви займаєтеся ремонтом?**
Führen Sie Reparaturen durch?
['fy:ʀən zi: ˌʀepaʀa'tu:ʀən dʊʁç]

**Перевірте мастило, будь ласка.**
Überprüfen Sie bitte das Öl.
[ˌy:bɐ'pʀy:fən zi: 'bɪtə das ø:l]

**Можете це перевірити?**
Können Sie es für mich überprüfen?
['kœnən zi: ɛs fy:ɐ̯ mɪç ˌy:bɐ'pʀy:fən]

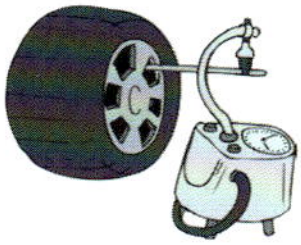

**Перевірте тиск у шинах, будь ласка.**
Überprüfen Sie bitte die Luft in den Reifen.
[ˌy:bɐˈpʀy:fən zi: ˈbɪtə di: lʊft ɪn de:n ˈʀaɪ̯fn̩]

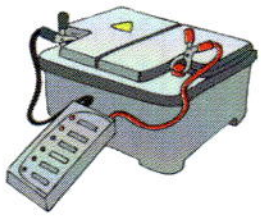

**Перевірте акумулятор, будь ласка.**
Überprüfen Sie bitte die Batterie.
[ˌy:bɐˈpʀy:fən zi: ˈbɪtə di: ˌbatəˈʀi:]

**Перевірте гальма, будь ласка.**
Überprüfen Sie bitte die Bremsen.
[ˌy:bɐˈpʀy:fən zi: ˈbɪtə di: ˈbʀɛmzn̩]

**Я хотів би змінити мастило.**
Ich möchte Öl wechseln lassen, bitte.
[ɪç ˈmœçtə ø:l ˈvɛksl̩n ˈlasn̩ ˈbɪtə]

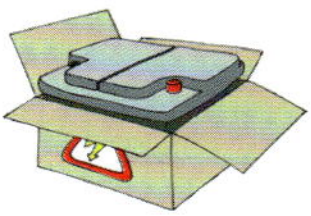

**Я хотів би новий акумулятор.**
Ich brauche eine neue Batterie.
[ɪç ˈbʀaʊ̯χə ˈaɪ̯nə ˈnɔɪ̯ə ˌbatəˈʀi:]

**Я хотів би нові свічки запалювання.**
Ich brauche neue Zündkerzen.
[ɪç ˈbʀaʊ̯χə ˈnɔɪ̯ə ˈʦʏntˌkɛʁʦən]

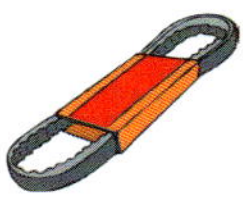

**Я хотів би новий ремінь вентилятора.**
Ich brauche einen neuen Keilriemen.
[ɪç ˈbʀaʊ̯χə ˈaɪ̯nən ˈnɔɪ̯ən ˈkaɪ̯lˌʀi:mən]

**На станції техобслуговування (Корисні слова)**

**антифриз** .................. Frostschutzmittel [ˈfʀɔstʃʊʦˌmɪtl̩]
**автоматичний** .............. automatisch [ˌaʊ̯toˈma:tɪʃ]
**двигун** .................... Motor [ˈmo:to:ɐ̯]
**вихлопна труба** ............ Abgas [ˈapˌga:s]
**номерний знак** ............. Nummernschild [ˈnʊmenˌʃɪlt]
**бензин** .................... Benzin [bɛnˈʦi:n]

**Двигун не заводиться.**
Der Motor startet nicht.
[deːɐ̯ ˈmoːtoːɐ̯ ˈʃtaʁtət nɪçt]

**Двигун перегрівається.**
Der Motor wird sehr heiß.
[deːɐ̯ ˈmoːtoːɐ̯ vɪʁt zeːɐ̯ haɪ̯s]

**Дуже шумить.**
Es ist laut.
[ɛs ɪst laʊ̯t]

**Щось шумить.**
Irgendwas macht ein Geräusch.
[ˈɪʁgn̩tˈvas maχt aɪ̯n gəˈʁɔɪ̯ʃ]

**У мене спустило колесо.**
Ich habe einen platten Reifen.
[ɪç ˈhaːbə ˈaɪ̯nən ˈplatn̩ ˈʁaɪ̯fn̩]

**Щось не в порядку з тиском мастила.**
Es ist etwas mit dem Öldruck nicht in Ordnung.
[ɛs ɪst ˈɛtvas mɪt deːm ˈøːlˌdʁʊk nɪçt ɪn ˈɔʁdnʊŋ]

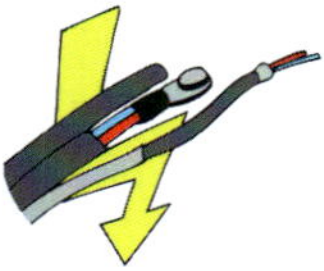

**Щось не в порядку з електронікою.**
Es ist etwas mit dem elektrischen System nicht in Ordnung.
[ɛs ɪst 'ɛtvas mɪt deːm e'lɛktʀɪʃn̩ zʏs'teːm nɪçt ɪn 'ɔʁdnʊŋ]

**Щось не в порядку з ременем вентилятора.**
Es ist etwas mit dem Keilriemen nicht in Ordnung.
[ɛs ɪst 'ɛtvas mɪt deːm 'kai̯lˌʀiːmən nɪçt ɪn 'ɔʁdnʊŋ]

**Щось не в порядку з перемиканням передач.**
Es ist etwas mit der Gangschaltung nicht in Ordnung.
[ɛs ɪst 'ɛtvas mɪt deːɐ̯ 'gaŋʃaltʊŋ nɪçt ɪn 'ɔʁdnʊŋ]

**Щось не в порядку з запалюванням.**
Es ist etwas mit der Zündung nicht in Ordnung.
[ɛs ɪst 'ɛtvas mɪt deːɐ̯ 'ʦʏndʊŋ nɪçt ɪn 'ɔʁdnʊŋ]

**Щось не в порядку зі стартером.**
Es ist etwas mit dem Starter nicht in Ordnung.
[ɛs ɪst 'ɛtvas mɪt deːm 'ʃtaʁtɐ nɪçt ɪn 'ɔʁdnʊŋ]

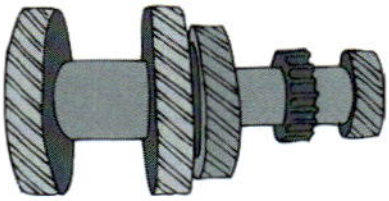

**Щось не в порядку з трансмісією.**
Es ist etwas mit dem Getriebe nicht in Ordnung.
[ɛs ɪst 'ɛtvas mɪt deːm ˌgə'tʀiːbə nɪçt ɪn 'ɔʁdnʊŋ]

**Передні фари не горять.**
Die Scheinwerfer funktionieren nicht.
[diː 'ʃai̯nˌvɛʁfɐ ˌfʊŋkʦi̯o'niːʀən nɪçt]

**Акумулятор розрядився.**
Die Batterie ist leer.
[diː ˌbatə'ʀiː ɪst leːɐ̯]

**Несправності** - *Defekte*

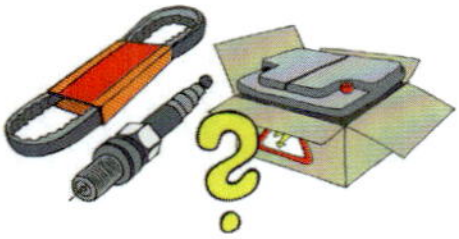

**У вас є запчастини?**
Haben Sie Ersatzteile?
['ha:bən zi: ɛɐ̯'zat͡sˌtaɪ̯lə]

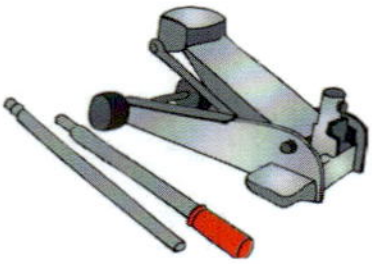

**Ви не позичите мені домкрат?**
Können Sie mir einen Wagenheber leihen?
['kœnən zi: mi:ɐ̯ 'aɪ̯nən 'va:gn̩ˌhe:bɐ 'laɪ̯ən]

**Я замкнув ключі в машині.**
Ich haben meine Schlüssel im Auto eingeschlossen.
[ɪç 'ha:bən 'maɪ̯nə 'ʃlʏsl̩ ɪm 'aʊ̯to 'aɪ̯ngəʃlɔsn̩]

**У нас закінчився бензин.**
Wir haben kein Benzin mehr.
[vi:ɐ̯ 'ha:bən kaɪ̯n bɛn't͡si:n me:ɐ̯]

**Машина зламалася. Надішліть когось за нею.**
Das Auto ist kaputtgegangen. Bitte schicken Sie jemanden her.
[das 'aʊ̯to ɪst ka'pʊt ˌgə'gaŋən 'bɪtə 'ʃɪkn̩ zi: 'je:mandən he:ɐ̯]

**Чи не могли б Ви надіслати механіка?**
Können Sie einen Mechaniker schicken?
['kœnən zi: 'aɪ̯nən ˌme'ça:nikɐ 'ʃɪkn̩]

**Чи не могли б Ви надіслати евакуатор?**
Können Sie ein Abschleppfahrzeug schicken?
['kœnən zi: aɪ̯n 'apʃlɛpˌfa:ɐ̯t͡sɔɪ̯k 'ʃɪkn̩]

**Ви можете полагодити машину?**
Können Sie das Auto reparieren?
['kœnən zi: das 'au̯to ˌʀepa'ʀi:ʀən]

**Скільки часу займе ремонт машини?**
Wie lange wird es dauern, das Auto zu reparieren?
[vi: 'laŋə vɪʁt ɛs 'dau̯ɐn das 'au̯to ʦu: ˌʀepa'ʀi:ʀən]

**Зателефонуйте мені, коли машина буде готова.**
Rufen Sie mich an, wenn das Auto fertig ist?
['ʀu:fn̩ zi: mɪç an vɛn das 'au̯to 'fɛʁtɪç 'fɛʁtɪk ɪst]

Несправності - *Defekte*

**Ремонт покривається моєї страховкою?**
Werden die Reparaturkosten durch meine Versicherung gedeckt?
['veːɐ̯dn̩ diː ˌʀepaʀaˈtuːɐ̯ˌkɔstn̩ dʊʁç ˈmaɪ̯nə ˌfɛɐ̯ˈzɪçəʀʊŋ gəˈdɛkt]

**Випишіть мені, будь ласка, детальний рахунок.**
Geben Sie mir eine aufgeschlüsselte Rechnung?
['geːbn̩ ziː miːɐ̯ ˈaɪ̯nə ˈaʊ̯fgəʃlʏsl̩tə ˈʀɛçnʊŋ]

## Несправності (Корисні слова)

| | |
|---|---|
| гальма | Bremsen ['bʀɛmzn̩] |
| бампер | Stoßstange ['ʃtoːsʃtaŋə] |
| крило | Kotflügel ['koːtflyːgl̩] |
| капот | Motorhaube ['moːtoːɐ̯ˌhaʊ̯bə] |
| багажник | Kofferraum ['kɔfɐˌʀaʊ̯m] |
| запасне колесо | Ersatzrad [ɛɐ̯'zat͡sˌrat] |
| кермо | Lenkrad ['lɛŋkˌʀaːt] |
| лобове скло | Windschutzscheibe ['vɪntʃʊt͡sʃaɪ̯bə] |
| двірники | Scheibenwischer ['ʃaɪ̯bənvɪʃɐ] |
| колесо | Rad [ʀaːt] |
| зчеплення | Kupplung ['kʊplʊŋ] |
| педаль гальма | Bremspedal ['bʀɛmspeˌdaːl] |
| педаль газу | Gaspedal ['gaːspeˌdaːl] |
| коробка передач | Gangschaltung ['gaŋʃaltʊŋ] |
| ручне гальмо | Handbremse ['hantˌbʀɛmzə] |
| аварійний сигнал | Blinker ['blɪŋkɐ] |
| передня фара | Scheinwerfer ['ʃaɪ̯nˌvɛʁfɐ] |
| задня фара | Rücklicht ['ʀʏklɪçt] |
| запалювання | Zündung ['t͡sʏndʊŋ] |
| ремінь безпеки | Sicherheitsgurt ['zɪçɐhaɪ̯t͡sˌgʊʁt] |
| поворотник | Blinklicht ['blɪŋkˌlɪçt] |
| бічне дзеркало | Seitenspiegel ['zaɪ̯tn̩ʃpiːgl̩] |
| дзеркало заднього виду | Rückspiegel ['ʀʏkʃpiːgl̩] |

**Сталася аварія.**
Es hat ein Unfall stattgefunden.
[ɛs hat aɪ̯n ˈʊnfal ˈʃtatgəˌfʊndn̩]

**Сталася поломка.**
Es hat eine Panne stattgefunden.
[ɛs hat ˈaɪ̯nə ˈpanə ˈʃtatgəˌfʊndn̩]

**Сталася крадіжка.**
Es hat ein Einbruch stattgefunden.
[ɛs hat aɪ̯n ˈaɪ̯nˌbʀʊχ ˈʃtatgəˌfʊndn̩]

**Викличте лікаря.**
Rufen Sie einen Arzt.
[ˈʀuːfn̩ ziː ˈaɪ̯nən aːɐ̯tst]

**Викличте пожежних.**
Rufen Sie die Feuerwehr.
[ˈʀuːfn̩ ziː diː ˈfɔɪ̯ɐˌveːɐ̯]

**Викличте поліцію.**
Rufen Sie die Polizei.
[ˈʀuːfn̩ ziː diː ˌpoliˈtsaɪ̯]

**Є постраждалі.**
Es sind Leute verletzt.
[ɛs zɪnt ˈlɔɪ̯tə fɛɐ̯ˈlɛtst]

**Це Ви винні.**
Ich denke, es war Ihre Schuld.
[ɪç ˈdɛŋkə ɛs vaːɐ̯ ˈiːʀə ʃʊlt]

**Він врізався в мене.**
Er ist mir reingefahren.
[eːɐ̯s ɪst miːɐ̯ ˈʀaɪ̯ngəˌfaːʀən]

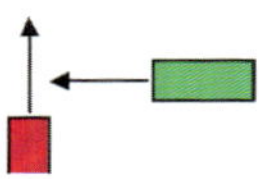

**Мені повинні були поступитися дорогою.**
Ich hatte Vorfahrt.
[ɪç ˈhatə ˈfoːɐ̯faɐ̯t]

**Мені потрібен перекладач.**
Ich brauche einen Dolmetscher.
[ɪç ˈbʀaʊ̯χə ˈaɪ̯nən ˈdɔlmɛʧɐ]

**Може, домовимося?**
Können wir die Sache unter uns klären?
[ˈkœnən viːɐ̯ diː ˈzaχə ˈʊntɐ ʊns ˈklɛːʀən]

**Я іноземець. Ось мої права.**
Ich bin Ausländer. Hier ist meine Fahrerlaubnis.
[ɪç bɪn ˈaʊ̯sˌlɛndɐ hiːɐ̯ ɪst ˈmaɪ̯nə ˈfaːɐ̯ʔɛɐ̯ˌlaʊ̯pnɪs]

**Можна попросити копію протоколу події?**
Kann ich eine Kopie des Unfallberichts erhalten?
[kan ɪç ˈaɪ̯nə koˈpiː dɛs ˈʊnfalbəˌʀɪçʦ ɛɐ̯ˈhaltn̩]

# ОГЛЯД МІСТА
# SEHENSWÜRDIGKEITEN

**О котрій початок?**
Um wie viel Uhr geht es los?
[ʊm viː fiːl uːɐ̯ geːt ɛs loːs]

**Я хочу піти на екскурсію.**
Ich möchte Sehenswürdigkeiten anschauen.
[ɪç 'mœçtə 'zeːənsˌvʏʁdɪçkaɪ̯tn̩ 'anʃaʊ̯ən]

**Чи не занадто далеко йти туди пішки?**
Ist es zu weit zum Laufen?
[ɪst ɛs t͡suː vaɪ̯t tsʊm 'laʊ̯fn̩]

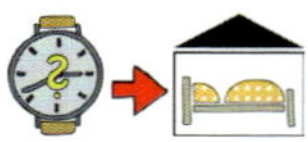

**О котрій ми повернемося?**
Um wie viel Uhr sind wir zurück?
[ʊm viː fiːl uːɐ̯ zɪnt viːɐ̯ t͡su'ʀʏk]

**Де і коли ми можемо зустрітися?**
Wann und wo können wir uns treffen?
[van ʊnt voː 'kœnən viːɐ̯ ʊns 'tʀɛfn̩]

**Які пам'ятки ми побачимо?**
Welche Sehenswürdigkeiten werden wir anschauen?
['vɛlçə 'zeːənsˌvʏʁdɪçkaɪ̯tn̩ 'veːɐ̯dn̩ viːɐ̯ 'anʃaʊ̯ən]

**Є екскурсії містом?**
Gibt es hier eine Stadtrundfahrt?
[giːpt ɛs hiːɐ̯ 'aɪ̯nə 'ʃtatʀʊntˌfaːɐ̯t]

**Скажіть, будь ласка, які тут є музеї?**
Bitte sagen Sie mir, welche Museen es hier gibt.
['bɪtə 'za:gŋ zi: mi:ɐ̯ 'vɛlçə mu'ze:ən ɛs hi:ɐ̯ gi:pt]

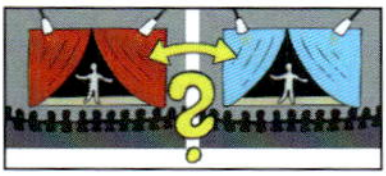

**Скажіть, будь ласка, які тут є театри?**
Bitte sagen Sie mir, welche Theater es hier gibt.
['bɪtə 'za:gŋ zi: mi:ɐ̯ 'vɛlçə ,te'a:tɐ ɛs hi:ɐ̯ gi:pt]

**Де знаходяться визначні пам'ятки?**
Was ist besonders sehenswert?
[vas ɪst ,bə'zɔndɐs 'ze:əns,ve:ɐ̯t]

**Ви не порадите гіда?**
Können Sie einen Fremdenführer empfehlen?
['kœnən zi: 'aɪ̯nən 'fʀɛmdn̩,fy:ʀɐ ,ɛm'pfe:lən]

**Чи не могли б Ви організувати для мене подорож?**
Würden Sie bitte den Ausflug für mich arrangieren?
['vʏʁdən zi: 'bɪtə de:n 'aʊ̯s,flu:k fy:ɐ̯ mɪç ,aʀã'ʒi:ʀən]

**Де мені купити карту міста?**
Wo kann ich einen Stadtplan kaufen?
[vo: kan ɪç 'aɪ̯nən 'ʃtat,pla:n 'kaʊ̯fn̩]

## Як пройти - *Nach dem Weg fragen*

**Як мені пройти до готелю?**
Zeigen Sie mir bitte den Weg zum Hotel.
[ˈtsaɪ̯gn̩ ziː miːɐ̯ ˈbɪtə deːn veːk tsʊm hoˈtɛl]

**Як мені пройти на пляж?**
Zeigen Sie mir bitte den Weg zum Strand.
[ˈtsaɪ̯gn̩ ziː miːɐ̯ ˈbɪtə deːn veːk tsʊm ʃtʀant]

**Як мені пройти до відділення поліції?**
Zeigen Sie mir bitte den Weg zur Polizeistation.
[ˈtsaɪ̯gn̩ ziː miːɐ̯ ˈbɪtə deːn veːk tsuːɐ̯ poliˈtsaɪ̯ʃtaˌtsi̯oːn]

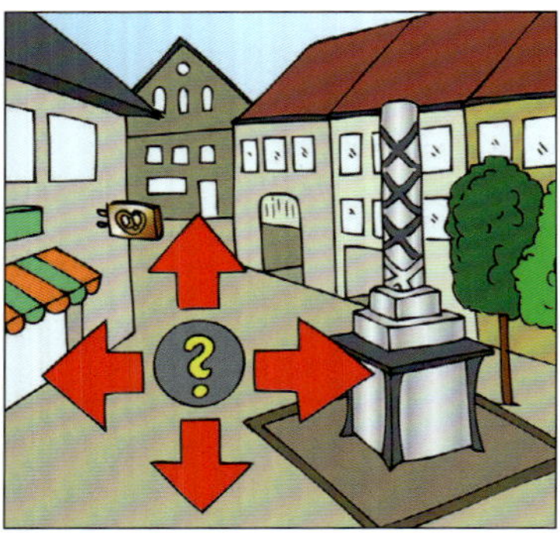

**В який бік йти до центру?**
In welcher Richtung liegt die Innenstadt?
[ɪn ˈvɛlçɐ ˈʀɪçtʊŋ liːkt diː ˈɪnənˌʃtat]

**Де знаходиться ратуша?**
Wo ist das Rathaus?
[voː ɪst das ˈʀaːtˌhaʊ̯s]

**Як мені пройти в центр міста?**
Zeigen Sie mir bitte den Weg ins Stadtzentrum.
[ˈtsaɪ̯gn̩ ziː miːɐ̯ ˈbɪtə deːn veːk ɪns ˈʃtatˌtsɛntʀʊm]

**Вибачте, як мені сюди дістатися?**
Entschuldigung, wie komme ich hierher?
[ˌɛnt'ʃʊldɪgʊŋ vi: 'kɔmə ɪç 'hi:ɐ̯'he:ɐ̯]

**Де знаходиться музей?**
Wo ist das Museum?
[vo: ɪst das ˌmu'ze:ʊm]

**Де знаходиться театр?**
Wo ist das Theater?
[vo: ɪst das ˌte'a:tɐ]

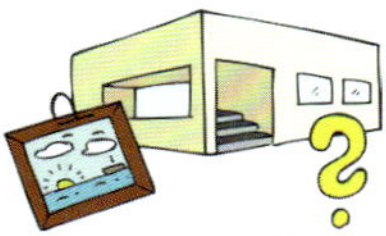

**Де знаходиться художня галерея?**
Wo ist die Kunstgalerie?
[vo: ɪst di: 'kʊnstgaləˌʀi:]

**Де найближча стоянка таксі?**
Wo ist der nächste Taxistand?
[vo: ɪst de:ɐ̯ 'nɛ:çstə 'taksiʃtant]

**Де знаходиться церква?**
Wo ist die Kirche?
[vo: ɪst di: 'kɪʁçə]

**Де найближча станція метро?**
Wo ist die nächste U-Bahn-Station?
[vo: ɪst di: 'nɛ:çstə 'u:ba:nʃtaˌt͡si̯o:n]

**Як називається ця вулиця?**
Wie heißt diese Straße?
[vi: haɪ̯st ˈdi:zə ˈʃtʁa:sə]

**Як називається цей район?**
Wie heißt dieser Stadtteil?
[vi: haɪ̯st ˈdi:zɐ ˈʃtatˌtaɪ̯l]

**Де ми зараз?**
Wo sind wir jetzt?
[vo: zɪnt vi:ɐ̯ jɛʦt]

**Як називається це місто?**
Wie heißt diese Stadt?
[vi: haɪ̯st ˈdi:zə ʃtat]

**Це далеко звідси?**
Ist es weit weg von hier?
[ɪst ɛs vaɪ̯t vɛk fɔn hi:ɐ̯]

**Я заблукав.**
Ich habe mich verlaufen.
[ɪç ˈha:bə mɪç fɛɐ̯ˈlaʊ̯fn̩]

**Будь ласка, накидайте тут план.**
Bitte zeichnen Sie hier einen Plan.
[ˈbɪtə ˈʦaɪ̯çnən zi: hi:ɐ̯ ˈaɪ̯nən pla:n]

**Музей відкритий для відвідувачів?**
Ist das Museum der Öffentlichkeit zugänglich?
[ɪst das ˌmu'ze:ʊm de:ɐ̯ 'œfn̩tlɪçˌkaɪ̯t 'ʦu:ˌɡ

**Скільки коштує вхідний квиток?**
Was kostet der Eintritt?
[vas 'ko:stət de:ɐ̯ 'aɪ̯nˌtʀɪt]

**О котрій відкривається музей?**
Um wie viel Uhr wird das Museum geöffnet?
[ʊm vi: fi:l u:ɐ̯ vɪʁt das ˌmu'ze:ʊm ˌɡə'ʔœfnət]

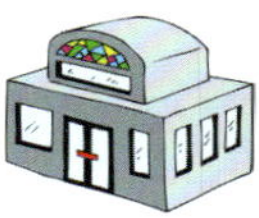

**О котрій закривається музей?**
Um wie viel Uhr wird das Museum geschlossen?
[ʊm vi: fi:l u:ɐ̯ vɪʁt das ˌmu'ze:ʊm ˌɡə'ʃlɔsən]

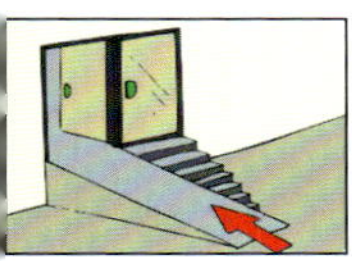

**Чи є вхід для інвалідів?**
Gibt es einen behindertengerechten Zugang?
[gi:pt ɛs 'aɪ̯nən bə'hɪndɐtn̩ɡəˌʀɛçtən 'ʦu:ɡaŋ]

**Чи є аудіоекскурсія англійською?**
Gibt es einen englischsprachigen Hör-Reiseführer?
[gi:pt ɛs 'aɪ̯nən 'ɛŋlɪʃʃpʀa:χɪgn̩ 'hø:ɐ̯ˌʀaɪ̯zəˌfy:ʀɐ]

**У музеї** - *Im Museum*

**Ви не сфотографуєте мене?**
Würden Sie bitte ein Bild von mir machen?
['vʏʁdən ziː 'bɪtə aɪ̯n bɪlt fɔn miːɐ̯ 'maχn̩]

**Можна використовувати спалах?**
Darf ich den Blitz benutzen?
[daʁf ɪç deːn blɪʦ ˌbə'nʊʦn̩]

**Тут можна фотографувати?**
Darf ich hier fotografieren?
[daʁf ɪç hiːɐ̯ ˌfotogʀa'fiːʀən]

## В музеї (Корисні слова)

| | |
|---|---|
| **робочі години** . . . . . . . . . . . . . . . | Besuchszeiten [bə'zuːχsˌʦaɪ̯tn̩] |
| **відкрито** . . . . . . . . . . . . . . . . . . . . | Geöffnet [gə'ʔœfnət] |
| **закрито** . . . . . . . . . . . . . . . . . . . . | Geschlossen [gə'ʃlɔsən] |
| **вхід вільний** . . . . . . . . . . . . . . . . | Freier Eintritt ['fʀaɪ̯ɐ 'aɪ̯nˌtʀɪt] |
| **побудований в** . . . . . . . . . . . . . . | erbaut um [ɛɐ̯'baʊ̯t ʊm] |
| **заснований в** . . . . . . . . . . . . . . . | gegründet um [gə'gʀʏndət ʊm] |
| **художник** . . . . . . . . . . . . . . . . . . | Maler ['maːlɐ] |
| **шедевр** . . . . . . . . . . . . . . . . . . . . | Meisterwerk ['maɪ̯stɐˌvɛʁk] |
| **виставка** . . . . . . . . . . . . . . . . . . . | Ausstellung ['aʊ̯sˌʃtɛlʊŋ] |
| **король** . . . . . . . . . . . . . . . . . . . . . | König ['køːnɪç] |
| **королева** . . . . . . . . . . . . . . . . . . . | Königin ['køːnɪgɪn] |
| **службове приміщення** . . . . . . . . | Nur für Mitarbeiter [nuːɐ̯ fyːɐ̯ 'mɪtʔaʁˌbaɪ̯tɐ] |
| **Руками не чіпати!** . . . . . . . . . . . . | Bitte nicht berühren ['bɪtə nɪçt bə'ʀyːʀən] |

**У Вас є програма культурних заходів?**
Haben Sie ein Veranstaltungsprogramm?
['ha:bən zi: aɪ̯n fɛɐ̯'ʔanʃtaltʊŋspʀoˌgʀam]

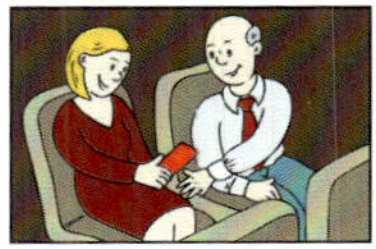

**Можна мені програмку?**
Kann ich bitte das Programm haben?
[kan ɪç 'bɪtə das pʀo'gʀam 'ha:bən]

**Ви можете порадити концерт?**
Können Sie mir ein Konzert empfehlen?
['kœnən zi: mi:ɐ̯ aɪ̯n kɔn'ʦɛʁt ˌɛm'pfe:lən]

**На сьогодні ще є квитки?**
Gibt es noch Plätze für heute Abend?
[gi:pt ɛs nɔχ 'plɛtsə fy:ɐ̯ 'hɔɪ̯tə 'a:bn̩t]

**О котрій починається спектакль?**
Um wie viel Uhr fängt die Vorstellung an?
[ʊm vi: fi:l u:ɐ̯ fɛŋt di: 'fo:ɐ̯ʃtɛlʊŋ an]

**О котрій починається концерт?**
Um wie viel Uhr fängt das Konzert an?
[ʊm vi: fi:l u:ɐ̯ fɛŋt das ˌkɔn'ʦɛʁt an]

**Скільки часу це буде тривати?**
Wie lange dauert es?
[vi: 'laŋə 'daʊ̯ɐt ɛs]

**Де тут гардероб?**
Wo ist die Garderobe?
[vo: ɪst di: ˌgaʁdə'ʀo:bə]

**Розваги / Кіно / Театр** - *Unterhaltung/Filme/Theater*

**Хочете піти зі мною в театр?**
Möchten Sie mit mir ins Theater gehen?
['mœçtn̩ zi: mɪt mi:ɐ̯ ɪns ˌte'a:tɐ 'ge:ən]

**Я куплю квитки.**
Ich besorge die Eintrittskarten.
[ɪç bə'zɔʁgə di: 'aɪ̯ntʁɪts̮ˌkaʁtən]

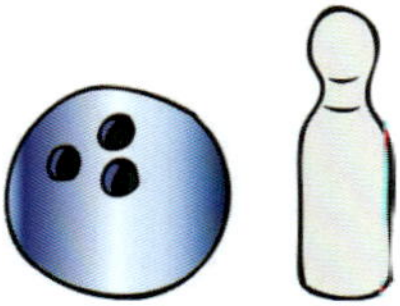

**До боулінгу далеко?**
Ist es weit bis zum Bowlingklub?
[ɪst ɛs vaɪ̯t bɪs tsʊm 'bo:lɪŋˌklʊp]

**До нічного клубу далеко?**
Ist es weit bis zum Nachtklub?
[ɪst ɛs vaɪ̯t bɪs tsʊm 'naχtˌklʊp]

**До дискотеки далеко?**
Ist es weit bis zur Disko?
[ɪst ɛs vaɪ̯t bɪs tsu:ɐ̯ 'dɪsko]

**Яку музику там грають?**
Welche Musik wird dort gespielt?
['vɛlçə mu'zi:k vɪʁt dɔʁt gə'ʃpi:lt]

**Вхід платний?**
Ist der Eintritt gebührenpflichtig?
[ɪst de:ɐ̯ 'aɪ̯nˌtʁɪt gə'by:ʁənˌpflɪçtɪç]

# БАНК

# BANK

**Вклад / Зняття грошей з рахунку** - *Einzahlung/Abhebung*

**До котрої години працює банк?**
Bis wann ist die Bank geöffnet?
[bɪs van ɪst di: baŋk ˌgəˈʔœfnət]

**До котрої години працює пункт обміну валюти?**
Bis wann ist die Wechselstube geöffnet?
[bɪs van ɪst di: ˈvɛksl̩ʃtu:bə ˌgəˈʔœfnət]

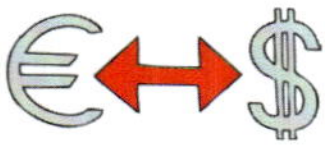

**Де тут найближчий пункт обміну валюти?**
Wo ist die nächste Wechselstube?
[vo: ɪst di: ˈnɛ:çstə ˈvɛksl̩ʃtu:bə]

**Чи можу я тут зняти гроші з кредитної картки?**
Kann ich hier Geld mit meiner Kreditkarte abheben?
[kan ɪç hi:ɐ̯ gɛlt mɪt maɪ̯nɐ kʀeˈdi:tˌkaʁtə ˈapˌhe:bn̩]

**Де знаходяться банкомати?**
Wo sind die Geldautomaten?
[vo: zɪnt di: ˈgɛltʔaʊ̯toˌma:tn̩]

## Вклад / Зняття грошей з рахунку (Корисні слова)

**банкомат** .................. Geldautomat [ˈgɛltʔaʊ̯toˌma:t]
**банк** ....................... Bank [baŋk]
**гроші** ..................... Geld [gɛlt]
**готівка**. ................... Bargeld [ˈba:ɐ̯ˌgɛlt]
**банкноти (купюри)** .......... Banknoten [ˈbaŋkˌno:tn̩]
**монети** .................... Münzen [ˈmʏntsn̩]
**чек** ....................... Quittung [ˈkvɪtʊŋ]
**комісія** ................... Provision [ˌpʀoviˈzi̯o:n]
**дорожній чек** .............. Reisescheck [ˈʀaɪ̯zəʃɛk]
**процентна ставка** ........... Zinssatz [ˈtsɪnsˌzats]
**віза** ...................... Visa-Karte [ˈvi:zaˌkaʁtə]
**Мастеркард** ................ MasterCard [ˈma:stɐka:d]
**Амерікен Експрес**. ........... American Express Karte [əˈmerɪkən ɛksˈpʀɛs ˈkaʁtə]

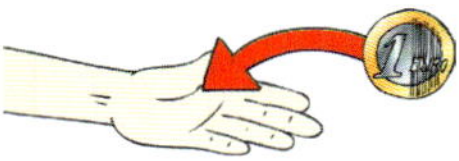

**Я хочу зняти з рахунку трохи грошей.**
Ich möchte etwas Geld abheben.
[ɪç 'mœçtə 'ɛtvas gɛlt 'ap,he:bn̩]

**Я хочу покласти на рахунок трохи грошей.**
Ich möchte etwas Geld einzahlen.
[ɪç 'mœçtə 'ɛtvas gɛlt 'aɪ̯n,tsa:lən]

**Я хотів би відкрити рахунок.**
Ich möchte ein Konto eröffnen.
[ɪç 'mœçtə aɪ̯n 'kɔnto ,ɛɐ̯'ʔœfnən]

**Я хотів би відкрити поточний рахунок.**
Ich möchte ein Girokonto eröffnen.
[ɪç 'mœçtə aɪ̯n 'ʒi:ro,kɔnto ,ɛɐ̯'ʔœfnən]

**Я хотів би відкрити ощадний рахунок.**
Ich möchte ein Sparkonto eröffnen.
[ɪç 'mœçtə aɪ̯n 'ʃpaɐ̯,kɔnto ,ɛɐ̯'ʔœfnən]

**Мені потрібен бланк для внесення грошей.**
Ich brauche einen Einzahlungsbeleg.

**Вам потрібен мій паспорт?**
Brauchen Sie meinen Reisepass?
['bʀaʊ̯χən zi: 'maɪ̯nən 'ʀaɪ̯zə,pas]

**Ось моє посвідчення.**
Hier ist mein Ausweis.
[hi:ɐ̯ ɪst maɪ̯n 'aʊ̯s,vaɪ̯s]

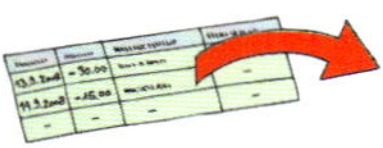

**Мені потрібен бланк для зняття грошей.**
Ich brauche einen Auszahlungsbeleg.
[ɪç 'bʀaʊ̯χə 'aɪ̯nən 'aʊ̯s,tsa:lʊŋsbə,le:k]

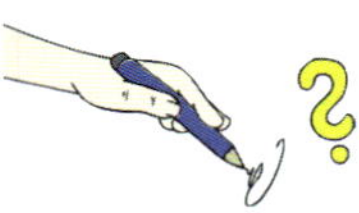

**Де мені поставити підпис?**
Wo soll ich unterschreiben?
[vo: zɔl ɪç ,ʊntɐ'ʃʀaɪ̯bən]

**Обмін валюти** - *Geldwechsel*

**Де я можу обміняти гроші?**
Wo kann ich Geld wechseln?
[vo: kan ɪç gɛlt 'vɛks̩ln]

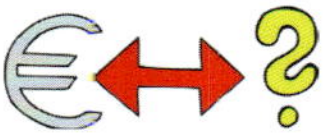

**Який обмінний курс євро?**
Wie ist der Wechselkurs für Euro?
[vi: ɪst de:ɐ̯ 'vɛks̩lˌkʊʁs fy:ɐ̯ 'ɔɪ̯ʀo]

**Я хотів би перевести дорожній чек в готівку.**
Ich möchte diesen Reisescheck einlösen.
[ɪç 'mœçtə 'di:zən 'ʀaɪ̯zəʃɛk 'aɪ̯nˌlø:zən]

**Який у вас комісійний збір?**
Wie hoch ist die Provision?
[vi: ho:χ ɪst di: ˌpʀovi'zi̯o:n]

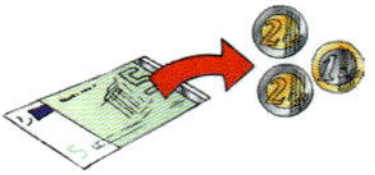

**Розміняйте, будь ласка, цю купюру.**
Können Sie mir diesen Schein wechseln?
['kœnən zi: mi:ɐ̯ 'di:zən ʃaɪ̯n 'vɛks̩ln]

**Обмін валюти (Корисні слова)**

| | |
|---|---|
| **обмін валюти** . . . . . . . . . . . . . . . | Geldwechsel ['gɛltˌvɛks̩l] |
| **долар** . . . . . . . . . . . . . . . . . . . . | Dollar ['dɔlaʁ] |
| **євро** . . . . . . . . . . . . . . . . . . . . | Euro ['ɔɪ̯ʀo] |
| **фунт стерлінгів** . . . . . . . . . . . . . . | Pfund [pfʊnt] |
| **песо** . . . . . . . . . . . . . . . . . . . . | Peso ['pe:zo] |
| **рупія** . . . . . . . . . . . . . . . . . . . . | Rupie ['ʀu:pi̯ə] |
| **рубль** . . . . . . . . . . . . . . . . . . . . | Rubel ['ʀu:bl̩] |
| **динар** . . . . . . . . . . . . . . . . . . . . | Dinar [di'na:ɐ̯] |
| **шекель** . . . . . . . . . . . . . . . . . . . | Schekel ['ʃe:kl̩] |
| **ларі** . . . . . . . . . . . . . . . . . . . . . | Lari ['laʀɪ] |
| **юань** . . . . . . . . . . . . . . . . . . . . | Yuan ['ju:an] |
| **реал** . . . . . . . . . . . . . . . . . . . . | Real [ʀe'a:l] |
| **єна** . . . . . . . . . . . . . . . . . . . . . | Yen [jɛn] |
| **вона** . . . . . . . . . . . . . . . . . . . . | Won [vɔn] |

# ЗАСОБИ ЗВ'ЯЗКУ
# KOMMUNIKATION

Пошта - *Postamt*

**Де найближча пошта?**
Wo ist das nächste Postamt?
[vo: ɪst das 'nɛ:çstə 'pɔst,ʔamt]

**Де поштова скринька?**
Wo ist der Briefkasten?
[vo: ɪst de:ɐ̯ 'bʀi:f,kastn̩]

**Скажіть, будь ласка, як пройти до пошти?**
Würden Sie mir bitte den Weg zum Postamt zeigen?
['vʏʁdən zi: mi:ɐ̯ 'bɪtə de:n ve:k tsʊm 'pɔst,ʔamt 'ʦaɪ̯gn̩]

**Де найближче інтернет-кафе?**
Wo ist das nächste Internetcafé?
[vo: ɪst das 'nɛ:çstə 'ɪntɐnɛtka,fe:]

**Де можна купити марки та листівки?**
Wo kann ich Briefmarken und Postkarten kaufen?
[vo: kan ɪç 'bʀi:f,maʁkn̩ ʊnt 'pɔst,kaʁtn̩ 'kaʊ̯fn̩]

**Де листи до запитання?**
Wo sind die postlagernden Sendungen?
[vo: zɪnt di: 'pɔst,la:gɐndn̩ 'zɛndʊŋən]

**марка**
Briefmarke
['bʀiːfˌmaʁkə]

**пакет**
Päckchen
['pɛkçən]

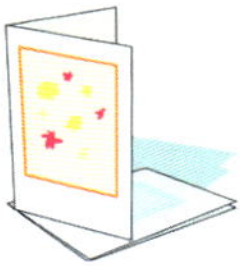

**листівка**
Postkarte
['pɔstˌkaʁtə]

**поштова скринька**
Briefkasten
['bʀiːfˌkastn̩]

**лист**
Brief
[bʀiːf]

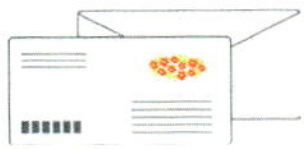

**конверт**
Umschlag
['ʊmʃlaːk]

**Скільки коштують марки для цих листів?**
Was kosten Briefmarken für diese Briefe?
[vas 'kɔstn̩ 'bʀiːfˌmaʁkn̩ fyːɐ̯ 'diːzə 'bʀiːfə]

**Скільки буде коштувати лист до Європи?**
Wie hoch ist das Porto nach Europa?
[viː hoːχ ɪst das 'pɔʁto naːχ ˌɔɪ̯'ʀoːpa]

## Пошта - *Postamt*

**Можна мені ручку?**
Ich brauche einen Stift.
[ɪç 'bʀaʊ̯χə 'aɪ̯nən ʃtɪft]

**Я хочу надіслати це експрес-поштою.**
Ich möchte das hier als Eilsendung verschicken.
[ɪç 'mœçtə das hiːɐ̯ als 'aɪ̯lˌzɛndʊŋ fɛɐ̯'ʃɪkn̩]

**Я хочу надіслати це як рекомендований лист.**
Ich möchte das hier per Einschreiben verschicken.
[ɪç 'mœçtə das hiːɐ̯ pɛʁ 'aɪ̯nˌʃʀaɪ̯bn̩ fɛɐ̯'ʃɪkn̩]

**Я хочу надіслати це авіапоштою.**
Ich möchte das hier mit Luftpost verschicken.
[ɪç 'mœçtə das hiːɐ̯ mɪt 'lʊftˌpɔst fɛɐ̯'ʃɪkn̩]

### Пошта (Корисні слова)

**поштова адреса** . . . . . . . . . . . . Postanschrift ['pɔstˌanʃʀɪft]
**зворотня адреса**. . . . . . . . . . . . Absenderadresse ['apˌzɛndɐaˌdʀɛsə]
**замовне** . . . . . . . . . . . . . . . . . . als Einschreiben [als 'aɪ̯nˌʃʀaɪ̯bn̩]
**цінне**. . . . . . . . . . . . . . . . . . . . versichert [fɛɐ̯'zɪçɐt]
**крихке**. . . . . . . . . . . . . . . . . . . zerbrechlich [tsɛɐ̯'bʀɛçlɪç]
**вміст** . . . . . . . . . . . . . . . . . . . . Inhalt ['ɪnhalt]
**кому / від** . . . . . . . . . . . . . . . . nach/von [naːχ / fɔn]
**поштовий індекс**. . . . . . . . . . . . Postleitzahl ['pɔstlaɪ̯tˌtsaːl]
**телеграма**. . . . . . . . . . . . . . . . . Telegramm [tele'gʀam]

**Можна скористатися Вашим телефоном?**
Kann ich Ihr Telefon benutzen?
[kan ɪç iːɐ̯ ˌtɛlɛˈfoːn bəˈnʊtsn̩]

**Можна мені набирати номер безпосередньо?**
Kann ich direkt wählen?
[kan ɪç diˈʀɛkt ˈvɛːlən]

**Де тут поблизу є телефон-автомат?**
Wo gibt es hier in der Nähe ein öffentliches Telefon?
[voː giːpt ɛs hiːɐ̯ ɪn deːɐ̯ ˈnɛːə aɪ̯n ˈœfn̩tˌlɪçəs ˌtɛlɛˈfoːn]

**Я хочу зробити міжнародний дзвінок.**
Ich möchte ein internationales Gespräch führen.
[ɪç ˈmœçtə aɪ̯n ˌɪntɐnatsi̯oˈnaːləs gəˈʃpʀɛːç ˈfyːʀən]

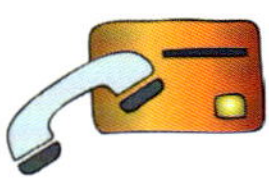

**Я хочу зробити дзвінок по кредитній карті.**
Ich möchte ein Kreditkartengespräch führen.
[ɪç ˈmœçtə aɪ̯n kʀeˈdiːtˌkaʁtn̩gəˌʃpʀɛːç ˈfyːʀən]

**Лінія зайнята.**
Die Leitung ist besetzt.
[diː ˈlaɪ̯tʊŋ ɪst bəˈzɛtst]

**Скільки коштує хвилина?**
Was kostet es pro Minute?
[vas ˈkoːstət ɛs pʀoː ˌmiˈnuːtə]

**телефон** - *Telefon*

**Я помилився номером.**
Ich habe mich verwählt.
[ɪç 'ha:bə mɪç fɛɐ̯'vɛ:lt]

**Не кладіть слухавки, будь ласка.**
Bitte bleiben Sie am Apparat.
['bɪtə 'blaɪ̯bm̩ zi: am apa'ʀa:t]

**Я передзвоню пізніше.**
Ich rufe später noch einmal an.
[ɪç 'ʀu:fə 'ʃpɛ:tɐ nɔχ 'aɪ̯nma:l an]

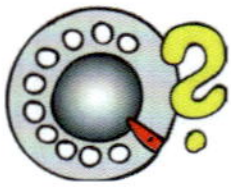

**Не могли б Ви набрати номер за мене?**
Können Sie für mich wählen?
['kœnən zi: fy:ɐ̯ mɪç 'vɛ:lən]

**Не могли б Ви поговорити за мене?**
Können Sie für mich sprechen?
['kœnən zi: fy:ɐ̯ mɪç 'ʃpʀɛçn̩]

**Як це пишеться?**
Buchstabieren Sie bitte.
[ˌbu:χʃta'bi:ʀən zi: 'bɪtə]

**Хто говорить?**
Wer spricht da, bitte?
[ve:ɐ̯ ʃpʀɪçt da: 'bɪtə]

**Я можу залишити повідомлення?**
Kann ich eine Nachricht hinterlassen?
[kan ɪç 'ai̯nə 'na:χˌʀɪçt ˌhɪntɐ'lasn̩]

**Дякуємо за дзвінок.**
Vielen Dank für Ihren Anruf.
['fi:lən daŋk fy:ɐ̯ 'i:ʀən 'anˌʀu:f]

**Коли він повернеться?**
Wann ist er voraussichtlich zurück?
[van ɪst e:ɐ̯ fo'ʀau̯sˌzɪçtlɪç ʦu'ʀʏk]

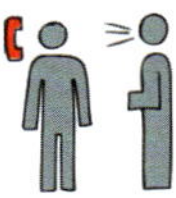

**Будь ласка, попросіть його мені передзвонити.**
Bitte sagen Sie ihm, er möge mich anrufen.
['bɪtə 'za:gŋ zi: i:m e:ɐ̯ 'møgə mɪç 'anˌʀu:fn̩]

**Телефон (Корисні слова)**

**місцевий дзвінок** . . . . . . . . . . . .Ortsgespräch ['ɔʁtsgəʃpʀɛ:ç]
**міжнародний дзвінок** . . . . . . . . .Ferngespräch ['fɛʁngəʃpʀɛ:ç]
**телефонна карта**. . . . . . . . . . . . .Telefonkarte ['tɛˌlɛfɔ:nˌkaʁtə]
**оператор**. . . . . . . . . . . . . . . . . . .Vermittlung [fɛɐ̯'mɪtlʊŋ]
**код країни**. . . . . . . . . . . . . . . . . .Landesvorwahl ['landəsˌfo:ɐ̯ˌva:l]
**код зони / регіону**. . . . . . . . . . . .Ortsvorwahl ['ɔʁtsˌfo:ɐ̯ˌva:l]
**телефонний довідник**. . . . . . . . .Telefonbuch [tele'fo:nˌbu:χ]
**не працює**. . . . . . . . . . . . . . . . . .außer Betrieb [ˌau̯sɐ bə'tʀi:p]

**Інтернет** - *Internet*

**Як мені увійти в мережу?**
Wie kann man einloggen?
[viː kan man ˈaɪ̯nˌlɔgn̩]

**Можна тут вийти в інтернет?**
Kann ich hier ins Internet gehen?
[kan ɪç hiːɐ̯ ɪns ˈɪntɐnɛt ˈgeːən]

**Скільки коштує година?**
Wie hoch ist die Gebühr pro Stunde?
[viː hoːχ ɪst diː gəˈbyːɐ̯ pʀoː ˈʃtʊndə]

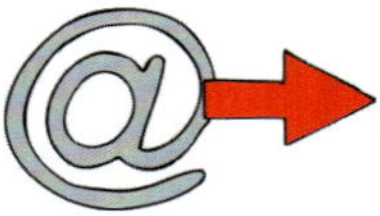

**Я хочу надіслати лист електронною поштою.**
Ich würde gerne eine E-Mail-Nachricht schicken.
[ɪç ˈvʏʁdə ˈgɛʁnə ˈaɪ̯nə ˈiːmeɪ̯lˌnaːχʀɪçt ˈʃɪkn̩]

**Яка у вас електронна адреса?**
Wie ist Ihre E-Mail-Adresse?
[viː ɪst ˈiːʀə ˈiːmeɪ̯lʔaˌdʀɛsə]

**Я хочу надіслати лист факсом.**
Ich würde gerne eine Faxnachricht schicken.
[ɪç ˈvʏʁdə ˈgɛʁnə ˈaɪ̯nə ˈfaksˌnaːχˌʀɪçt ˈʃɪkn̩]

# У РЕСТОРАНІ
# IM RESTAURANT

**Замовлення столика** - *Reservierungen*

**Тут є поблизу хороший ресторан?**
Gibt es hier in der Nähe gute Restaurants?
[gi:pt ɛs hi:ɐ̯ ɪn de:ɐ̯ 'nɛ:ə 'gu:tə ˌʀɛsto'ʀã:s]

**Тут є поблизу недорогий ресторан?**
Gibt es hier in der Nähe billige Restaurants?
[gi:pt ɛs hi:ɐ̯ ɪn de:ɐ̯ 'nɛ:ə 'bɪlɪgə ˌʀɛsto'ʀã:s]

**Тут є поблизу ресторан з місцевою кухнею?**
Gibt es hier in der Nähe authentische Restaurants?
[gi:pt ɛs hi:ɐ̯ ɪn de:ɐ̯ 'nɛ:ə aʊ̯'tɛntɪʃə ˌʀɛsto'ʀã:s]

**Тут є поблизу вегетаріанський ресторан?**
Gibt es hier in der Nähe vegetarische Restaurants?
[gi:pt ɛs hi:ɐ̯ ɪn de:ɐ̯ 'nɛ:ə ˌvege'ta:ʀɪʃə ˌʀɛsto'ʀã:s]

**Тут є де-небудь кав'ярня?**
Wo kann ich einen Kaffeeshop finden?
[vo: kan ɪç 'aɪ̯nən 'kafeʃɔp 'fɪndn̩]

**Тут є де-небудь чайна?**
Wo kann ich eine Teestube finden?
[vo: kan ɪç 'aɪ̯nə 'te:ʃtu:bə 'fɪndn̩]

**Тут є де-небудь закусочна?**
Wo kann ich ein Speiselokal finden?
[vo: kan ɪç ai̯n 'ʃpai̯zəloˌka:l 'fɪndn̩]

**Тут є де-небудь фаст-фуд?**
Wo kann ich ein Fastfood-Restaurant finden?
[vo: kan ɪç ai̯n 'fa:stfu:tʀɛstoˌʀã: 'fɪndn̩]

**Що-небудь, де не надто дорого.**
Ein Lokal, wo es nicht zu teuer ist.
[ai̯n lo'ka:l vo: ɛs nɪçt ʦu: 'tɔi̯ɐ ɪst]

**Я хотів би піти в індійський ресторан.**
Ich möchte in ein indisches Restaurant gehen.
[ɪç 'mœçtə ɪn ai̯n 'ɪndɪʃəs ˌʀɛsto'ʀã: 'ge:ən]

**Не могли б Ви зарезервувати для мене столик?**
Können Sie für mich eine Reservierung machen?
['kœnən zi: fy:ɐ̯ mɪç 'ai̯nə ˌʀezɛʀ'vi:ʀʊŋ 'maχn̩]

### Замовлення страв - *Speisen bestellen*

**Там подають страви місцевої кухні?**
Kann ich dort einheimische Gerichte probieren?
[kan ɪç dɔʁt ˈaɪ̯nˌhaɪ̯mɪʃə ˌɡəˈʀɪçtə ˌpʀoˈbiːʀən]

**Я хотів би спробувати кращі місцеві страви.**
Ich möchte die besten einheimischen Gerichte essen.
[ɪç ˈmœçtə diː ˈbɛstn̩ ˈaɪ̯nˌhaɪ̯mɪʃn̩ ɡəˈʀɪçtə ˈɛsn̩]

**Я хотів би замовити столик на сьогоднішній вечір.**
Ich möchte einen Tisch für heute Abend bestellen.
[ɪç ˈmœçtə ˈaɪ̯nən tɪʃ fyːɐ̯ ˈhɔɪ̯tə ˈaːbn̩t ˌbəˈʃtɛlən]

**Ми прийдемо в 7:00.**
Wir kommen um sieben Uhr.
[viːɐ̯ ˈkɔmən ʊm ˈziːbm̩ uːɐ̯]

**Коли ви відкриваєтеся на сніданок?**
Um wie viel Uhr werden Sie zum Frühstück geöffnet?
[ʊm viː fiːl uːɐ̯ ˈveːɐ̯dn̩ ziː tsʊm ˈfʀyːʃtʏk ˌɡəˈʔœfnət]

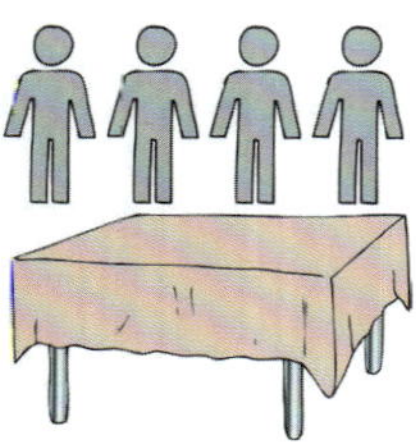

**Мені потрібен стіл на чотирьох.**
Ich hätte gerne einen Tisch für vier Personen.
[ɪç ˈhɛtə ˈɡɛʁnə ˈaɪ̯nən tɪʃ fyːɐ̯ fiːɐ̯ ˌpɛʁˈzoːnən]

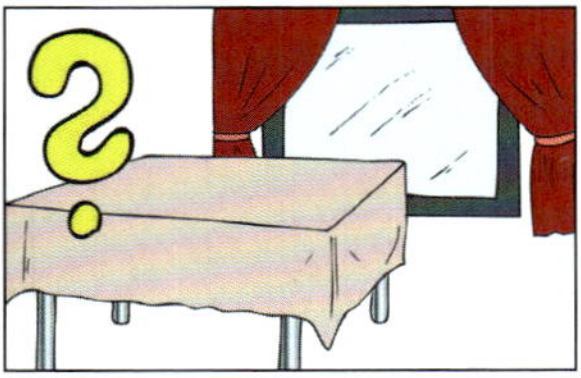

**У вас є столик біля вікна?**
Haben Sie einen Tisch am Fenster?
['ha:bən zi: 'aɪ̯nən tɪʃ am 'fɛnstɐ]

**Я можу сісти он там?**
Kann ich dort drüben sitzen?
[kan ɪç dɔʁt dʀy:bn̩ 'zɪtsn̩]

**Я можу сісти в залі для курящих?**
Kann ich im Raucherbereich sitzen?
[kan ɪç ɪm 'ʀaʊ̯χɐbəˌʀaɪ̯ç 'zɪtsn̩]

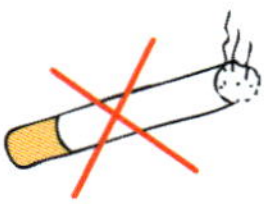

**Я можу сісти в залі для некурящих?**
Kann ich im Nichtraucherbereich sitzen?
[kan ɪç ɪm 'nɪçtˌʀaʊ̯χɐbəˌʀaɪ̯ç 'zɪtsn̩]

**Я хотів би зробити замовлення.**
Ich möchte eine Bestellung aufgeben.
[ɪç 'mœçtə 'aɪ̯nə bə'ʃtɛlʊŋ 'aʊ̯fˌge:bn̩]

**Я хотів би подивитися меню.**
Ich möchte die Speisekarte sehen.
[ɪç 'mœçtə di: 'ʃpaɪ̯zəˌkaʁtə 'ze:ən]

**Я хотів би тільки салат.**
Ich hätte gerne nur einen Salat.
[ɪç 'hɛtə 'gɛʁnə nu:ɐ̯ 'aɪ̯nən za'la:t]

**Я хотів би що-небудь випити.**
Ich hätte gerne etwas zu trinken.
[ɪç 'hɛtə 'gɛʁnə 'ɛtvas tsu: 'tʀɪŋkn̩]

**Замовлення страв** - *Speisen bestellen*

**Яке тут фірмове блюдо?**
Was ist die Spezialität des Hauses?
[vas ɪst di: ʃpetsi̯ali'tɛ:t dɛs 'hau̯zəs]

**Я хотів би замовити страву.**
Ich möchte ein Gericht bestellen.
[ɪç 'mœçtə ai̯n gə'ʀɪçt ˌbə'ʃtɛlən]

## У ресторані: закуски

| | |
|---|---|
| **картопляні чіпси** | Kartoffelchips [kaʁ'tɔfl̩ˌʧɪps] |
| **горішки до пива** | Biernüsse ['bi:ɐ̯ˌnʏsə] |
| **тост** | Toast [tou̯st] |
| **часниковий хліб** | Knoblauchbrot ['kno:pˌlau̯χˌbʀo:t] |
| **салат** | Salat [za'la:t] |
| **салат-бар** | Salatbar [za'la:tˌba:ɐ̯] |
| **шеф-салат** | Chefsalat ['ʃɛfzaˌla:t] |
| **грецький салат** | griechischer Salat ['gʀi:çɪʃɐ za'la:t] |
| **зелений салат** | grüner Salat ['gʀy:nɐ za'la:t] |
| **салат "Цезар"** | Cäsar-Salat ['ʦɛ:zaʁzaˌla:t] |
| **фруктовий салат** | Obstsalat ['o:pstzaˌla:t] |
| **картопляний салат** | Kartoffelsalat [kaʁ'tɔflzaˌla:t] |
| **капустяний салат** | Krautsalat ['kʀau̯tzaˌla:t] |
| **коктейль з креветок** | Krabbensalat ['kʀabn̩zaˌla:t] |

**Я візьму те, що Ви порадите.**
Ich nehme das, was Sie empfehlen.
[ɪç 'ne:mə das vas zi: ˌɛm'pfe:lən]

устричний садок . . . . . . . . . . . . Austereintopf ['aʊ̯stɐˌaɪ̯ntɔpf]
омлет . . . . . . . . . . . . . . . . . . . . Omelette [ɔm'lɛt]
рідко зварені яйця . . . . . . . . . . weichgekochte Eier ['vaɪ̯çgəˌkɔχtə 'aɪ̯əʁ]
круті яйця . . . . . . . . . . . . . . . . hartgekochte Eier ['haʁtgəˌkɔχtə 'aɪ̯əʁ]
кукурудзяні пластівці . . . . . . . . Cornflakes ['ko:ɐ̯nfle:ks]
вівсяна каша . . . . . . . . . . . . . . . Haferflocken ['ha:fɐflɔkən]
курячі крильця . . . . . . . . . . . . . Hühnerflügel ['hy:nɐˌfly:gl]
гамбургер . . . . . . . . . . . . . . . . . Hamburger ['hamˌbʊʁgɐ]
бутерброд . . . . . . . . . . . . . . . . . belegtes Brötchen [bə'le:ktəs 'bʀø:tçən]
бутерброд з лососем . . . . . . . . . Lachsbrot ['laksˌbʀo:t]
бутерброд з сардинами . . . . . . . Sardinenbrot [zaʁ'di:nənˌbʀo:t]
клаб-сендвіч . . . . . . . . . . . . . . . Club-Sandwich ['klʊpˌzɛntvɪʧ]
чізбургер . . . . . . . . . . . . . . . . . . Cheeseburger ['ʧizˌbɜrgər]
хот-дог . . . . . . . . . . . . . . . . . . . Hot Dog ['hɔtdɔk]
кебаб . . . . . . . . . . . . . . . . . . . . . Kebab [ke'ba(:)p]

**У ресторані: суп**

перша страва . . . . . . . . . . . . . . . erster Gang ['e:ɐ̯stɐ gaŋ]
м'ясний бульйон . . . . . . . . . . . . Fleischbrühe/Brühe ['flaɪ̯ʃˌbʀy:ə / 'bʀy:ə]
суп-пюре . . . . . . . . . . . . . . . . . . Cremesuppe ['kʀɛ:mˌzʊpə]
суп із брокколі . . . . . . . . . . . . . Brokkolisuppe ['bʀɔkoliˌzʊpə]
грибний суп . . . . . . . . . . . . . . . . Pilzsuppe ['pɪlʦˌzʊpə]
томатний суп . . . . . . . . . . . . . . . Tomatensuppe [to'ma:tənˌzʊpə]
цибульний суп . . . . . . . . . . . . . . Zwiebelsuppe ['ʦvi:bl̩ˌzʊpə]
суп з гарбуза . . . . . . . . . . . . . . . Kürbissuppe ['kʏʁbɪsˌzʊpə]
квасолевий суп . . . . . . . . . . . . . Bohnensuppe ['bo:nənˌzʊpə]
суп з бичачих хвостів . . . . . . . . Ochsenschwanzsuppe ['ɔksn̩ʃvanʦˌzʊpə]
юшка з молюсків . . . . . . . . . . . . sämige Muschelsuppe ['zɛ:mɪgə 'mʊʃlˌzʊpə]
кукурудзяна юшка . . . . . . . . . . . Maissuppe ['maɪ̯sˌzʊpə]

## Замовлення страв - *Speisen bestellen*

**Ви подаєте вегетаріанські страви?**
Kann man bei Ihnen vegetarisches Essen bekommen?
[kan man baɪ̯ 'iːnən ˌvege'taːʁɪʃəs 'ɛsn̩ ˌbə'kɔmən]

**Ви подаєте страви для діабетиків?**
Kann man bei Ihnen Essen für Diabetiker bekommen?
[kan man baɪ̯ 'iːnən 'ɛsn̩ fyːɐ̯ ˌdia'beːtikɐ ˌbə'kɔmən]

**Це дорого?**
Ist das teuer?
[ɪst das 'tɔɪ̯ɐ]

**Це не калорійно?**
Ist das leicht?
[ɪst das laɪ̯çt]

**Це ситно?**
Macht das satt?
[maχt das zat]

**Я ще не готовий зробити замовлення.**
Ich bin noch nicht bereit, eine Bestellung zu machen.
[ɪç bɪn nɔχ nɪçt bə'ʁaɪ̯t 'aɪ̯nə ˌbə'ʃtɛlʊŋ tsuː 'maχn̩]

**Ще одну порцію овочів, будь ласка.**
Bitte noch eine Portion Gemüse.
['bɪtə nɔχ 'aɪ̯nə pɔʁ'tsi̯oːn ˌgə'myːzə]

**Це смачно?**
Ist das lecker?
[ɪst das 'lɛkɐ]

**Я візьму це.**
Ich nehme das.
[ɪç 'neːmə das]

**Я візьму те ж саме.**
Ich nehme dasselbe.
[ɪç 'neːmə das'zɛlbə]

**Я буду стейк із запеченою картоплею.**
Ich nehme ein Steak mit Backkartoffeln.
[ɪç 'ne:mə aɪ̯n ste:k mɪt 'bakkaʁˌtɔfl̩n]

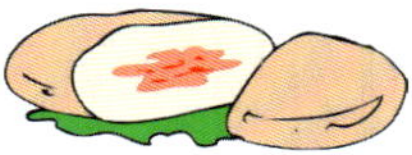

**Середньої прожарки, будь ласка.**
Medium, bitte.
['me:di̯ʊm 'bɪtə]

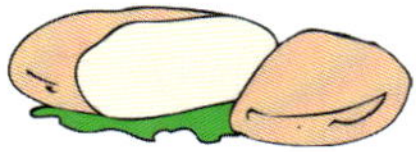

**Добре просмажений, будь ласка.**
Durch, bitte.
[dʊʁç 'bɪtə]

**Покажіть мені карту вин, будь ласка.**
Bitte zeigen Sie mir die Weinkarte.
['bɪtə 'ʦaɪ̯gn̩ zi: mi:ɐ̯ di: 'vaɪ̯nˌkaʁtə]

**Які вина у вас є?**
Welche Weinsorten haben Sie?
['vɛlçə 'vaɪ̯nzɔʁtn̩ 'ha:bən zi:]

**Пляшку білого вина, будь ласка.**
Ich hätte gerne eine Flasche Weißwein.
[ɪç 'hɛtə 'gɛʁnə 'aɪ̯nə 'flaʃə 'vaɪ̯sˌvaɪ̯n]

**Пляшку червоного вина, будь ласка.**
Ich hätte gerne eine Flasche Rotwein.
[ɪç 'hɛtə 'gɛʁnə 'aɪ̯nə 'flaʃə 'ʁo:tˌvaɪ̯n]

**Скільки коштує ціла пляшка?**
Was kostet eine ganze Flasche?
[vas 'ko:stət 'aɪ̯nə 'ganʦə 'flaʃə]

**Скільки коштує один келих?**
Was kostet ein Glas?
[vas 'ko:stət aɪ̯n gla:s]

## У ресторані: основна страва

друга страва . . . . . . . . . . . . . . Hauptgericht ['haʊ̯ptgəˌʀɪçt]
куряча грудка . . . . . . . . . . . . Hühnerbrust ['hy:nɐbʀʊst]
грудка індички . . . . . . . . . . . Putenbrust ['pu:tn̩ˌbʀʊst]
грудина. . . . . . . . . . . . . . . . . . Bruststück ['bʀʊstˌʃtʏk]
філей / біфштекс . . . . . . . . . Filet [fi'le:]
нирки . . . . . . . . . . . . . . . . . . . Nieren ['ni:ʀən]
філе . . . . . . . . . . . . . . . . . . . . Lende ['lɛndə]
ребра . . . . . . . . . . . . . . . . . . . Rippen ['ʀɪpn̩]
сідло . . . . . . . . . . . . . . . . . . . Rücken ['ʀʏkn̩]
свинячі реберця . . . . . . . . . . Rippchen ['ʀɪpçən]
вирізка . . . . . . . . . . . . . . . . . Lendenstück ['lɛndn̩ʃtʏk]
язик . . . . . . . . . . . . . . . . . . . . Zunge ['ʦʊŋə]
відбивна . . . . . . . . . . . . . . . . Kotelett [kɔt'lɛt]
котлета . . . . . . . . . . . . . . . . . Hacksteak ['haksteɪ̯k]
ескалоп. . . . . . . . . . . . . . . . . . Schnitzel ['ʃnɪʦl̩]
біфштекс із вирізки . . . . . . . . Mini-Filet ['mɪnifiˌle:]
філе-стейк . . . . . . . . . . . . . . . Steak-Filet ['ste:kfiˌle:]
гуляш . . . . . . . . . . . . . . . . . . . Gulasch ['gʊlaʃ]
м'ясний рулет. . . . . . . . . . . . . Fleischkäse ['flaɪ̯ʃˌkɛ:zə]
тушковане м'ясо. . . . . . . . . . . Schmorbraten ['ʃmo:ɐ̯ˌbʀa:tn̩]
рагу з яловичини . . . . . . . . . . Fleicheintopf ['flaɪ̯ʃˌaɪ̯ntɔpf]
рагу з баранини . . . . . . . . . . . Lammeintopf ['lamˌaɪ̯ntɔpf]
фрикасе з кролика . . . . . . . . . Karnickeleintopf [kaʁ'nɪkl̩ˌaɪ̯ntɔpf]
бефстроганов. . . . . . . . . . . . . Bœuf Stroganoff [bu:f 'ʃtʁo:ganɔf]
варена яловичина. . . . . . . . . . Kochfleisch ['kɔχˌflaɪ̯ʃ]
ростбіф. . . . . . . . . . . . . . . . . . Rinderbraten ['ʀɪndɐˌbʀa:tn̩]
печеня з курки . . . . . . . . . . . . Hühnerbraten ['hy:nɐˌbʀa:tn̩]
печеня з качки . . . . . . . . . . . . Entenbraten ['ɛntn̩ˌbʀa:tn̩]
печеня зі свинини . . . . . . . . . . Schweinebraten ['ʃvaɪ̯nəˌbʀa:tn̩]
печеня з індички. . . . . . . . . . . Truthahnbraten ['tʀu:tˌha:nˌbʀa:tn̩]

**У ресторані: основна страва**

печеня з телятини. . . . . . . . . . . Kalbsbraten ['kalps͵bʀa:tn̩]
швейцарський стейк . . . . . . . . Schweizer Steak ['ʃvai̯tsɐ ste:k]
стейк на кісточці . . . . . . . . . . . T-bone-Steak ['ti:bəʊn͵ste:k]
стейк зі свинячих реберець . . . Rib-Eye-Steak ['ʀi:baɪ͵ste:k]
стейк, смажений в олії . . . . . . . Brat-Steak ['bʀa:t͵ste:k]
гарнір . . . . . . . . . . . . . . . . . . . . Beikost/Beilage/Garnierung ['bai̯͵kɔst / 'bai̯͵la:gə]
картопля фрі. . . . . . . . . . . . . . Pommes frites [pɔm'frɪt]
локшина . . . . . . . . . . . . . . . . . Nudeln ['nu:dl̩n]
тушкована цибуля . . . . . . . . . . Schmorlauch ['ʃmo:ɐ̯͵lau̯χ]
пюре. . . . . . . . . . . . . . . . . . . . Püree [py'ʀe:]
рис . . . . . . . . . . . . . . . . . . . . . Reis [ʀai̯s]
паста. . . . . . . . . . . . . . . . . . . . Pasta ['pasta]
макарони . . . . . . . . . . . . . . . . . Makkaroni [maka'ʀo:nɪ]
спагетті. . . . . . . . . . . . . . . . . . Spaghetti [ʃpa'gɛti]
лінгвіні . . . . . . . . . . . . . . . . . . Linguini [lɪŋ'gwini]
вермішель . . . . . . . . . . . . . . . . Fadennudeln/Suppennudeln ['fa:dn̩͵nu:dl̩n / 'zʊpn̩͵nu:dl̩n]
піца. . . . . . . . . . . . . . . . . . . . . Pizza ['pɪtsa]
начинка. . . . . . . . . . . . . . . . . . Belag [bə'la:k]
печений . . . . . . . . . . . . . . . . . . gebacken [gə'bakən]
барбекю . . . . . . . . . . . . . . . . . . gegrillt [gə'gʀɪlt]
варений . . . . . . . . . . . . . . . . . . gekocht [gə'kɔχt]
тушкований . . . . . . . . . . . . . . . geschmort [gə'ʃmo:ɐ̯t]
панірований . . . . . . . . . . . . . . . gebraten [gə'bʀa:tn̩]
охолоджений . . . . . . . . . . . . . . abgekühlt ['apgə͵ky:lt]
приготований на замовлення. . auf Bestellung zubereitet [au̯f bə'ʃtɛlʊŋ 'tsu:bə͵ʀai̯tət]
у фритюрі . . . . . . . . . . . . . . . . frittiert [͵fʀɪ'ti:ɐ̯t]
свіжий. . . . . . . . . . . . . . . . . . . frisch [fʀɪʃ]
домашній . . . . . . . . . . . . . . . . . selbst gemacht [zɛlpst gə'maχt]

**Обслуговування** - *Service*

**Чашечку кави.**
Ich hätte gerne eine Tasse Kaffee.
[ɪç ˈhɛtə ˈɡɛʁnə ˈaɪ̯nə ˈtasə ˈkafe]

**Грейпфрутовий сік.**
Grapefruitsaft.
[ˈɡʀeːpfʀuːtˌzaft]

**Апельсиновий сік.**
Orangensaft.
[oˈʀɑ̃ːʒn̩ˌzaft]

**Фруктовий сік.**
Fruchtsaft.
[ˈfʀʊχtˌzaft]

**Томатний сік.**
Tomatensaft.
[toˈmaːtn̩ˌzaft]

**Що у вас на десерт?**
Was haben Sie zum Nachtisch?
[vas ˈhaːbən ziː tsʊm ˈnaːχˌtɪʃ]

**Можна мені склянку пива?**
Kann ich ein Glas Bier haben?
[kan ɪç aɪ̯n ɡlaːs biːɐ̯ ˈhaːbən]

**Принесіть, будь ласка, рослинну олію.**
Könnten Sie bitte etwas Öl bringen?
['kœntn̩ ziː 'bɪtə 'ɛtvas øːl 'bʀɪŋən]

**Принесіть, будь ласка, перець.**
Könnten Sie bitte etwas Pfeffer bringen?
['kœntn̩ ziː 'bɪtə 'ɛtvas 'pfɛfɐ 'bʀɪŋən]

**Принесіть, будь ласка, сіль.**
Könnten Sie bitte etwas Salz bringen?
['kœntn̩ ziː 'bɪtə 'ɛtvas zalʦ 'bʀɪŋən]

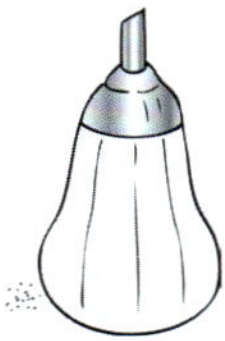

**Принесіть, будь ласка, цукор.**
Könnten Sie bitte etwas Zucker bringen?
['kœntn̩ ziː 'bɪtə 'ɛtvas 'ʦʊkɐ 'bʀɪŋən]

**Можна мені чисту чашку?**
Kann ich bitte eine saubere Tasse haben?
[kan ɪç 'bɪtə 'aɪ̯nə 'zaʊ̯bəʀə 'tasə 'haːbən]

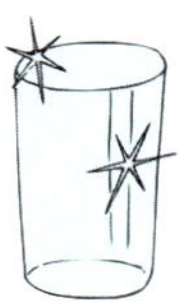

**Можна мені чисту склянку?**
Kann ich bitte ein sauberes Glas haben?
[kan ɪç 'bɪtə aɪ̯n 'zaʊ̯bəʀəs glaːs 'haːbən]

**Зелений салат з французьким соусом.**
Einen grünen Salat mit französischem Dressing.
['aɪ̯nən 'gʀyːnən za'laːt mɪt ˌfʀan'ʦøːzɪʃm̩ 'dʀɛsɪŋ]

плавлений . . . . . . . . . . . . . . . . . .aufgetaut ['aʊ̯fgəˌtaʊ̯t]
у вигляді пюре . . . . . . . . . . . . . . .püriert [pyː'ʀiːɐ̯t]
у вигляді фаршу . . . . . . . . . . . . .gehackt [gə'hakt]
пашот . . . . . . . . . . . . . . . . . . . . . .pochiert [pɔ'ʃiːɐ̯t]
запечений. . . . . . . . . . . . . . . . . . .geröstet [gə'ʀøːstət]
копчений. . . . . . . . . . . . . . . . . . . .geräuchert [gə'ʀɔɪ̯çɐt]
гострий. . . . . . . . . . . . . . . . . . . . .scharf/heiß [ʃaʁf / haɪ̯s]
фрикасе . . . . . . . . . . . . . . . . . . . .gedünstet [gə'dʏnstət]
фаршированний. . . . . . . . . . . . . .gefüllt [gə'fʏlt]
сирий . . . . . . . . . . . . . . . . . . . . . .blutig ['bluːtɪç]
середньої прожарки. . . . . . . . . .halb durch [halp dʊʁç]
добре просмажений. . . . . . . . . .durch [dʊʁç]

десерт - *Dessert*

десерт . . . . . . . . . . . . . . . . . . . . .Dessert [dɛ'seːɐ̯]
банановий спліт . . . . . . . . . . . . .Bananensplitter [ba'naːnənʃplɪtɐ]
ваніль . . . . . . . . . . . . . . . . . . . . . .Vanille [va'nɪlə]
фрукти . . . . . . . . . . . . . . . . . . . . .Obstteller ['oːpstˌtɛlɐ]
печиво . . . . . . . . . . . . . . . . . . . . .Kekse ['keːksə]
торт. . . . . . . . . . . . . . . . . . . . . . . .Kuchen ['kuːχn̩]
фруктовий пиріг . . . . . . . . . . . . .Obst mit Teig überbacken [oːpst mɪt taɪ̯k yːbɐ'bakn̩]
флан (відкритий пиріг). . . . . . . .Obstkuchen ['oːpstˌkuːχn̩]
тістечко. . . . . . . . . . . . . . . . . . . . .süßes Blätterteiggebäck ['zyːsəs 'blɛtɐˌtaɪ̯kgəˌbɛk]
круасан. . . . . . . . . . . . . . . . . . . . .Croissant [kʀo̯a'sãː]
млинець . . . . . . . . . . . . . . . . . . . .Pfannkuchen ['pfanˌkuːχn̩]
відкритий пиріг . . . . . . . . . . . . .Obsttörtchen ['oːpstˌtœʁtçən]
яблучний пиріг . . . . . . . . . . . . . .Apfelkuchen ['ʔapfl̩ˌkuːχn̩]
чізкейк . . . . . . . . . . . . . . . . . . . . .Käsekuchen ['kɛːzəˌkuːχn̩]
пряник/коврижка . . . . . . . . . . . .Lebkuchen ['leːpˌkuːχn̩]
журавлинний сироп . . . . . . . . . .Preiselbeersoße ['pʀaɪ̯zlbeːɐ̯ˌzoːsə]
кленовий сироп . . . . . . . . . . . . .Ahornsirup ['aːhɔʁnˌziːʀʊp]
джем / варення . . . . . . . . . . . . .Marmelade [ˌmaʁmə'laːdə]
пудинг. . . . . . . . . . . . . . . . . . . . . .Pudding ['pʊdɪŋ]

напої - *Getränke*

**безалкогольний** ............. alkoholfrei ['alkoho:lfʀaɪ̯]
**коктейль** ................... Cocktail ['kɔktɛɪ̯l]
**збовтаний** .................. gerührt [gəˈʀy:ɐ̯t]
**приготований в шейкері** ...... gemixt [gəˈmɪkst]
**аперитив** ................... Aperitif [apeʀiˈti:f]
**лонг-дрінк** .................. Longdrink ['lɔŋdrɪŋk]
**ковток** ..................... Schuss [ʃʊs]
**біле вино** .................. Weißwein ['vaɪ̯sˌvaɪ̯n]
**ігристе вино** ................ Schaumwein ['ʃaʊ̯mˌvaɪ̯n]
**солодке вино** ................ Süßwein ['zy:sˌvaɪ̯n]
**сухе вино** .................. trockener Wein ['tʀɔkənɐ vaɪ̯n]
**червоне вино** ................ Rotwein ['ʀo:tˌvaɪ̯n]
**рожеве вино** ................ Roséwein [ʀoˈze:vaɪ̯n]
**бочкове пиво** ................ Fassbier ['fasˌbi:ɐ̯]
**розчинна кава** ............... löslicher Kaffee ['lø:zlɪçɐ 'kafe]
**чорна кава (без молока)** ...... schwarzer Kaffee ['ʃvaʁtsɐ 'kafe]
**капучіно** .................. Cappuccino [ˌkapʊˈtʃi:no]
**кава без кофеїну** ............ entkoffeinierter Kaffee [ɛntˈkɔfeˌi:ni:ɐ̯tɐ 'kafe]
**гарячий шоколад** ............ heiße Schokolade ['haɪ̯sə ʃokoˈla:də]
**з корицею** .................. mit Zimt [mɪt tsɪmt]
**з вершками** ................. mit Sahne [mɪt 'za:nə]
**з льодом** ................... mit Eis [mɪt aɪ̯s]
**з лимоном** .................. mit Zitrone [mɪt tsiˈtʀo:nə]
**з цукром** ................... mit Zucker [mɪt 'tsʊkɐ]

**Обслуговування** - *Service*

**Ще трохи, будь ласка.**
Ein bisschen mehr, bitte.
[aɪ̯n ˈbɪsçən meːɐ̯ ˈbɪtə]

**Дякую, досить.**
Das ist genug, danke.
[das ɪst gəˈnuːk ˈdaŋkə]

**Було дуже смачно.**
Es war lecker.
[ɛs vaːɐ̯ ˈlɛkɐ]

**Можна мені отримати це прямо зараз?**
Kann ich es sofort haben?
[kan ɪç ɛs zoˈfɔʁt ˈhaːbən]

**Можна мені закурити?**
Darf ich rauchen?
[daʁf ɪç ˈʁaʊ̯χn̩]

**Це не моє замовлення.**
Das ist nicht meine Bestellung.
[das ɪst nɪçt 'maɪ̯nə ˌbə'ʃtɛlʊŋ]

**Це дещо сирувате.**
Das ist nicht genügend gekocht.
[das ɪst nɪçt gə'nyːgn̩t gə'kɔχt]

**Дуже холодне.**
Es ist kalt.
[ɛs ɪst kalt]

**Дуже гаряче.**
Es ist heiß.
[ɛs ɪst haɪ̯s]

**Дуже жорстке.**
Es ist zäh.
[ɛs ɪst ʦɛː]

**Дуже пересмажене.**
Es ist verkocht.
[ɛs ɪst ˌfɛɐ̯'kɔχt]

**Обслуговування** - *Service*

**Це недостатньо чисте.**
Das ist nicht sauber genug.
[das ɪst nɪçt ˈzaʊ̯bɐ ɡəˈnuːk]

**Моє замовлення ще не принесли.**
Meine Bestellung ist noch nicht da.
[ˈmaɪ̯nə ˌbəˈʃtɛlʊŋ ɪst nɔχ nɪçt daː]

### Обслуговування (Корисні слова)

**хліб** . . . . . . . . . . . . . . . . . . . . .Brot [bʁoːt]
**масло** . . . . . . . . . . . . . . . . . . . .Butter [ˈbʊtɐ]
**маргарин** . . . . . . . . . . . . . . . . .Margarine [maʁɡaˈʁiːnə]
**сіль** . . . . . . . . . . . . . . . . . . . . . .Salz [zalʦ]
**цукор** . . . . . . . . . . . . . . . . . . . .Zucker [ˈʦʊkɐ]
**перець** . . . . . . . . . . . . . . . . . . .Pfeffer [ˈpfɛfɐ]
**серветка** . . . . . . . . . . . . . . . . . .Serviette [zɛʁˈvi̯ɛtə]
**столові прилади** . . . . . . . . . . . .Besteck [bəˈʃtɛk]
**ніж** . . . . . . . . . . . . . . . . . . . . . .Messer [ˈmɛsɐ]
**виделка** . . . . . . . . . . . . . . . . . .Gabel [ˈɡaːbl̩]
**ложка** . . . . . . . . . . . . . . . . . . . .Löffel [ˈlœfl̩]
**мед** . . . . . . . . . . . . . . . . . . . . . .Honig [ˈhoːnɪç]
**майонез** . . . . . . . . . . . . . . . . . .Mayonnaise [ˌmajɔˈnɛːzə]
**кетчуп** . . . . . . . . . . . . . . . . . . .Ketchup [ˈkɛʧap]
**трохи** . . . . . . . . . . . . . . . . . . . .ein bisschen [aɪ̯n ˈbɪsçən]
**ще** . . . . . . . . . . . . . . . . . . . . . . .mehr [meːɐ̯]
**ще один** . . . . . . . . . . . . . . . . . .noch ein [nɔχ aɪ̯n]
**маленький** . . . . . . . . . . . . . . . .klein [klaɪ̯n]
**середній** . . . . . . . . . . . . . . . . . .mittel [ˈmɪtl̩]
**великий** . . . . . . . . . . . . . . . . . .groß [ɡʁoːs]
**меню** . . . . . . . . . . . . . . . . . . . . .Speisekarte [ˈʃpaɪ̯zəˌkaʁtə]
**один підхід** . . . . . . . . . . . . . . .Nicht nachschenken [nɪçt ˈnaːχʃɛŋkn̩]

**Це не моє замовлення.**
Ich habe das nicht bestellt.
[ɪç 'ha:bə das nɪçt bə'ʃtɛlt]

**Я сплачу за рахунком.**
Die Rechnung geht auf mich.
[di: 'ʁɛçnʊŋ ge:t au̯f mɪç]

**Скільки загалом?**
Was macht es insgesamt?
[vas maχt ɛs 'ɪnsgə͵zamt]

**Ми платимо окремо.**
Wir zahlen getrennt.
[vi:ɐ̯ 'ʦa:lən gə'tʁɛnt]

**Рахунок, будь ласка.**
Die Rechnung, bitte.
[di: 'ʁɛçnʊŋ 'bɪtə]

**Я хотів би розплатитися.**
Ich möchte zahlen.
[ɪç 'mœçtə 'ʦa:lən]

**Запишіть це на мій рахунок, будь ласка.**
Bitte setzen Sie das mit auf meine Rechnung.
['bɪtə 'zɛʦn̩ zi: das mɪt au̯f 'maɪ̯nə 'ʁɛçnʊŋ]

**Мені здається, в рахунку є помилка.**
Ich glaube, der Gesamtbetrag stimmt nicht ganz.
[ɪç 'glau̯bə de:ɐ̯ gə'zamtbə͵tʁa:k ʃtɪmt nɪçt ganʦ]

**Сплата** - *Bezahlen*

**Я сплачу за рахунком.**
Ich werde die Rechnung bezahlen.
[ɪç ˈveːɐ̯də diː ˈʀɛçnʊŋ ˌbəˈt͡saːlən]

**Решти не треба.**
Stimmt so, danke.
[ʃtɪmt zoː ˈdaŋkə]

**Дозвольте мені сплатити мою частку.**
Lassen Sie mich meinen Anteil bezahlen.
[ˈlasn̩ ziː mɪç ˈmaɪ̯nən ˈantaɪ̯l ˌbəˈt͡saːlən]

**У барі** - *An der Bar*

**Вип'єте зі мною? Я плачу.**
Darf ich Sie einladen?
[daʁf ɪç ziː ˈaɪ̯nˌlaːdən]

**Вип'ємо за Вас!**
Jetzt wollen wir auf Sie trinken!
[jɛt͡st ˈvɔlən viːɐ̯ aʊ̯f ziː ˈtʀɪŋkn̩]

**Ваше здоров'я!**
Prost!
[pʀoːst]

# ЇЖА / НАПОЇ
# SPEISEN UND GETRÄNKE

**фрукти**
Früchte
['fʀʏçtə]

**яблука**
Äpfel
['ɛpfəl]

**банани**
Bananen
[ˌba'na:nən]

**грейпфрут**
Grapefruit
['gʀe:pfʀu:t]

**виноград**
Weintrauben
['vaɪ̯nˌtʀaʊ̯bn̩]

**апельсини**
Orangen
[o'ʀɑ̃:ʒn̩]

**лайм**
Limone
[ˌli'mo:nə]

**лимони**
Zitronen
[ˌʦi'tʀo:nən]

**ківі**
Kiwi
['ki:vi]

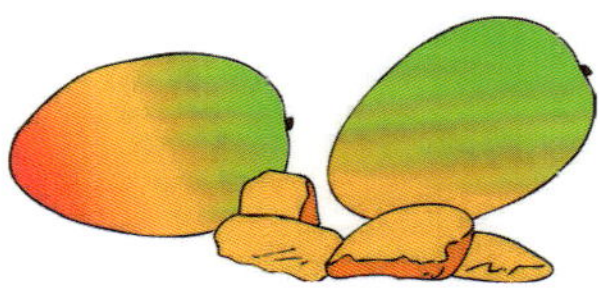

**манго**
Mangos
['maŋgos]

**персики**
Pfirsiche
[ˈpfɪʁzɪçə]

**груші**
Birnen
[ˈbɪʁnən]

**дині**
Melonen
[ˌməˈlo:nən]

**мандарини**
Mandarinen
[ˌmanda·ˈʀi:nən]

**абрикоси**
Aprikosen
[ˌapʀriˈko:zn̩]

**вишня**
Kirschen
[ˈkɪʁʃn̩]

**чорниця**
Blaubeeren
[ˈblau̯ˌbe:ʀən]

**малина**
Himbeeren
[ˈhɪmˌbe:ʀən]

**журавлина**
Preiselbeeren
[ˈpʀaɪ̯zl̩ˌbe:ʀən]

**сливи**
Pflaumen
[ˈpflau̯mən]

**кавуни**
Wassermelonen
[ˈvasɐmeˌlo:nən]

**полуниця**
Erdbeeren
[ˈeːɐ̯tˌbeːʀən]

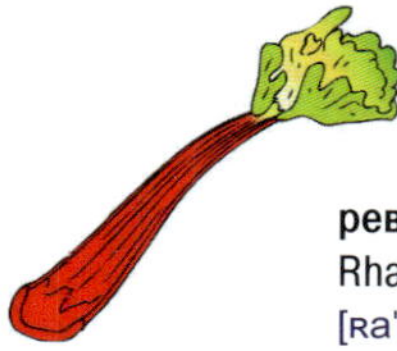

**ревінь**
Rhabarber
[ʀaˈbaʁbɐ]

**ізюм**
Rosinen
[ˌʀoˈziːnən]

**інжир**
Feigen
[ˈfaɪ̯gn̩]

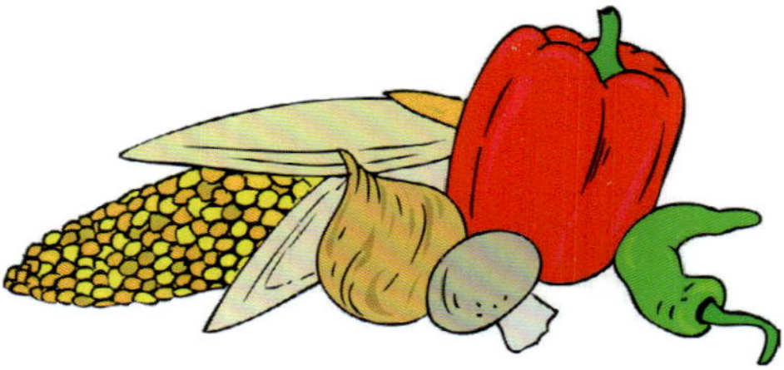

**овочі**
Gemüse
[gəˈmyːzə]

**квасоля**
Bohnen
[ˈboːnən]

**червона квасоля**
rote Bohnen
[ˈʀoːtə ˈboːnən]

**зелена квасоля**
grüne Bohnen
[ˈgʀyːnə ˈboːnən]

**горошок**
Erbsen
[ˈɛʁpsn̩]

**цукіні**
Zucchini
[t͡sʊˈkiːni]

**капуста**
Kohl
[koːl]

**морква**
Möhren
[ˈmøːʀər]

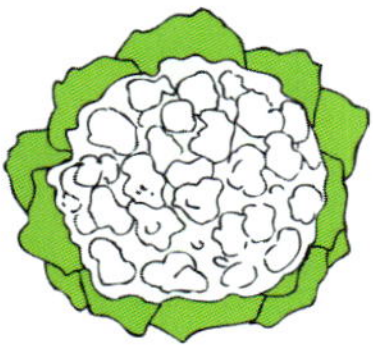

**цвітна капуста**
Blumenkohl
[ˈbluːmənˌkoːl]

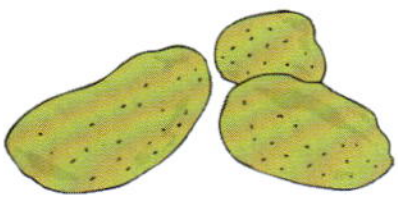

**картопля**
Kartoffel
[kaʁˈtɔfl̩]

**гарбуз**
Kürbis
[ˈkʏʁbɪs]

**сквош (вид гарбуза)**
(große) Zucchini
[ˈgʀoːsə tsʊˈkiːni]

**баклажан**
Aubergine
[ˌobɛʁˈʒiːnə]

**авокадо**
Avocado
[ˌavoˈkaːdo]

**редис**
Radieschen
[ˌʀaˈdiːsçən]

**помідори**
Tomaten
[ˌtoˈmaːtn̩]

**огірки**
Gurken
[ˈgʊʁkŋ]

**кукурудза**
Mais
[mai̯s]

**соління / маринади**
eingelegtes Gemüse
[ˈaɪ̯ngəˌleːktəs ˌgəˈmyːzə]

**каперси**
Kapern
[ˈkaːpɐn]

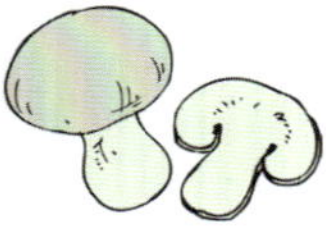

**гриби**
Pilze
[ˈpɪlʦə]

**шпинат**
Spinat
[ʃpiˈnaːt]

**оливки**
Oliven
[oˈliːvn̩]

**артишоки**
Artischocken
[ˌaʁtiˈʃɔkən]

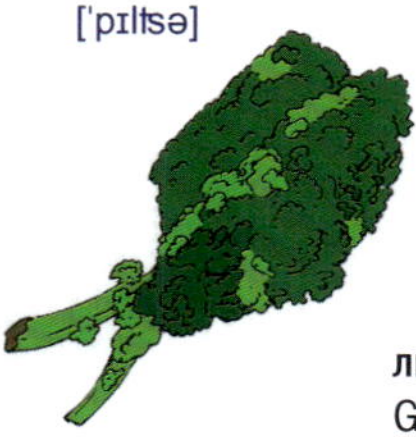

**листова капуста**
Grünkohl
[ˈgʀyːnˌkoːl]

**брюссельська капуста**
Rosenkohl
[ˈʀoːzn̩koːl]

**цибуля**
Zwiebeln
[ˈʦviːbəln]

**салат-латук**
Kopfsalat
[ˈkɔpfzaˌlaːt]

**спаржа**
Spargel
[ˈʃpaʁgl]

**брокколі**
Brokkoli
[ˈbʀɔkoli]

**селера**
Stangensellerie
[ˈʃtaŋənˌzɛləʀi]

**морське вушко**
Seeohr
[ˈzeːˌʔoːɐ̯]

**молюски**
Venusmuscheln
[ˈveːnʊsˌmʊʃl̩n]

**омар**
Hummer
[ˈhʊmɐ]

**краб**
Krabbe
[ˈkʀabə]

**лангуст**
Flusskrebs
[ˈflʊskʀeːps]

**восьминіг**
Tintenfisch
[ˈtɪntn̩ˌfɪʃ]

**устриця**
Auster
[ˈaʊ̯stɐ]

**креветки**
Schrimps/Garnelen
[ʃʀɪmps/ˌgaʁˈneːlən]

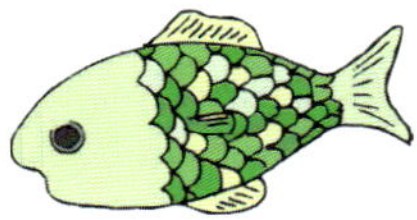

**риба**
Fisch
[fɪʃ]

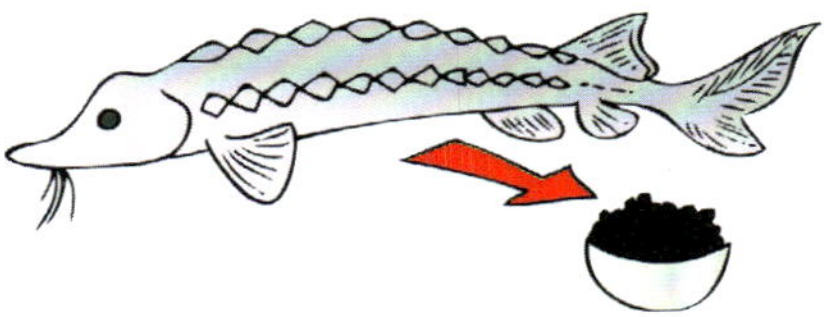

**ікра**
Kaviar
[ˈkaːvi̯aʀ]

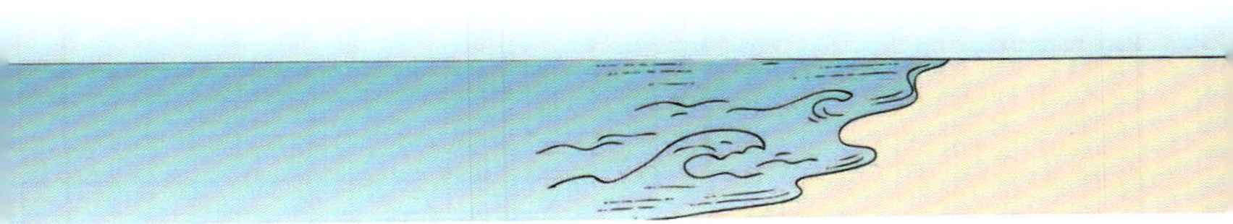

**Морепродукти** - *Meeresfrüchte*

**тріска**
Kabeljau
[ˈka:bl̩ˌjaʊ̯]

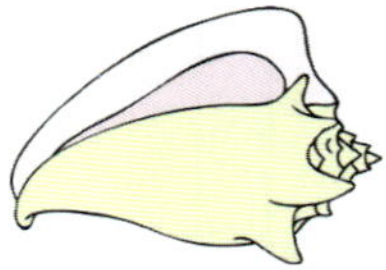

**раковина**
Trompetenschnecke
[tʀɔmˈpe:tn̩ˌʃnɛkə]

**оселедець**
Hering
[ˈhe:ʀɪŋ]

**скумбрія**
Makrele
[ˌmaˈkʀe:lə]

**окунь**
Flussbarsch
[ˈflʊsˌbaʁʃ]

**щука**
Hecht
[hɛçt]

**люціан**
Schnappfisch
[ˈʃnapˌfɪʃ]

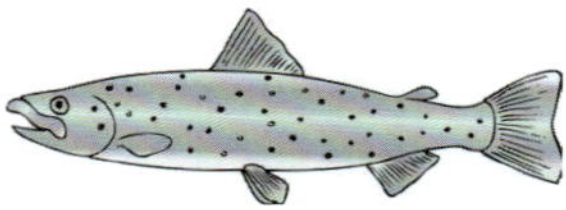

**лосось**
Lachs
[laks]

**корюшка**
Stinte
[ʃˈtɪntə]

**риба-меч**
Schwertfisch
[ˈʃve:ɐ̯tˌfɪʃ]

**форель**
Forelle
[ˌfoˈʀɛlə]

**тунець**
Thunfisch
[ˈtu:nˌfɪʃ]

**аніс**
Anis
[aˈniːs]

**базилік**
Basilikum
[baˈziːlikʊm]

**кмин**
Kümmel/Kreuzkümmel
[ˈkʏml̩/ˈkʁɔɪ̯t͡sˌkʏml̩]

**кардамон**
Kardamom
[ˌkaʁdaˈmoːm]

**кайенський перець**
Cayennepfeffer
[kaˈjɛnˌpfɛfɐ]

**ромашка**
Kamille
[kaˈmɪlə]

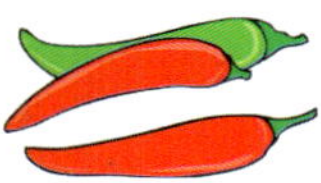

**чилі**
Chili
[ˈtʃiːli]

**гвоздика**
Gewürznelken
[ɡəˈvʏʁt͡sˌnɛlkn̩]

**кориця**
Zimt
[t͡sɪmt]

**коріандр**
Koriander
[koˈʁi̯andɐ]

Спеції - *Gewürze*

**Спеції**
Gewürze
[ˌgəˈvʏʁt͡sə]

**каррі**
Curry
[ˈkœʁi]

**кріп**
Dill
[dɪl]

**фенхель**
Fenchel
[ˈfɛnçəl]

**часник**
Knoblauch
[ˈknoːpˌlaʊ̯χ]

**імбир**
Ingwer
[ˈɪŋvɐ]

**гінкго**
Ginkgo
[ˈgɪŋko]

**хрін**
Meerrettich
[ˈmeːɐ̯ˌʁɛtɪç]

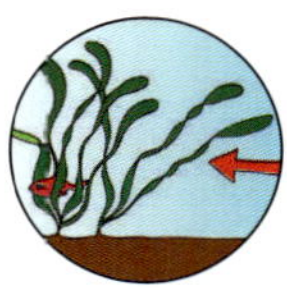

**бура водорость**
Seetang
[ˈzeːˌtaŋ]

**майоран**
Majoran
[ˈmaːjoˌʁan]

**орегано**
Oregano
[oˈʁeːgano]

**мускат**
Muskatnuss
[mʊsˈkaːtˌnʊs]

**паприка**
Paprika
[ˈpapʁika]

**петрушка**
Petersilie
[ˌpetɐˈziːli̯ə]

**перець**
Pfeffer
[ˈpfɛfɐ]

**м'ята (перцева)**
Pfefferminz
[ˈpfɛfɐˌmɪnt͡sə]

**мак**
Mohnsamen
[ˈmoːnˌzaːmən]

**шафран**
Safran
[ˈzafʀan]

**шавлія**
Salbei
[ˈzalbaɪ̯]

**кунжут**
Sesam
[ˈzeːzam]

**м'ята (кучерява)**
Grüne Minze
[ˈɡʀyːnə ˈmɪnt͡sə]

**чебрець**
Thymian
[ˈtyːmi̯aːn]

**куркума**
Kurkuma
[ˈkʊʁˌkuːma]

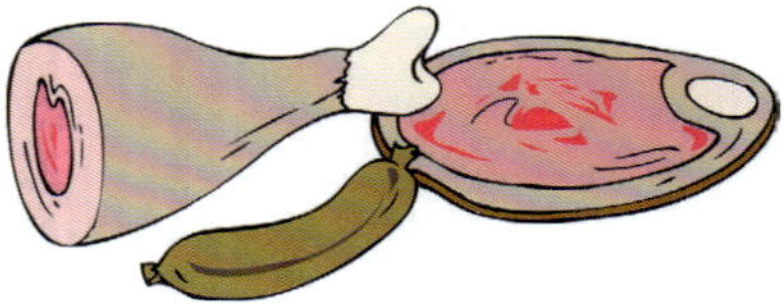

**М'ясо**
Fleisch
[flaɪ̯ʃ]

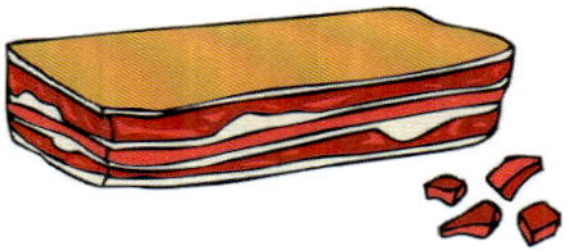

**бекон**
Speck
[ʃpɛk]

**яловичина**
Rindfleisch
[ˈʁɪntˌflaɪ̯ʃ]

**курка**
Huhn
[hu:n]

**качка**
Ente
[ˈɛntə]

**баранина**
Lamm
[lam]

**пташине м'ясо**
Geflügel
[gəˈfly:gl̩]

**кролик**
Kaninchen
[kaˈni:nçən]

**індичка**
Truthahn
['tʀuːtˌhaːn]

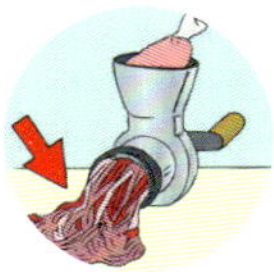

**фарш**
Hackfleisch
['hakˌflaɪ̯ʃ]

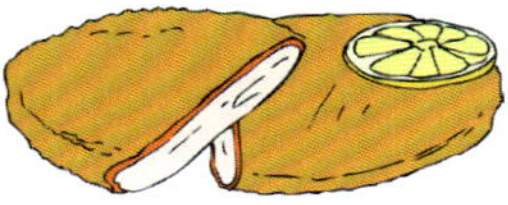

**стейк**
Steak
[steːk]

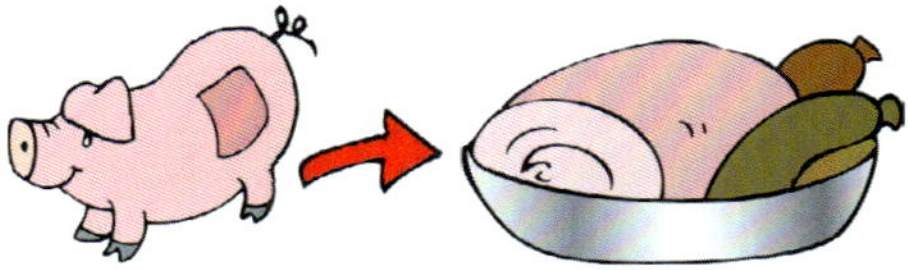

**свинина**
Schweinefleisch
['ʃvaɪ̯nəˌflaɪ̯ʃ]

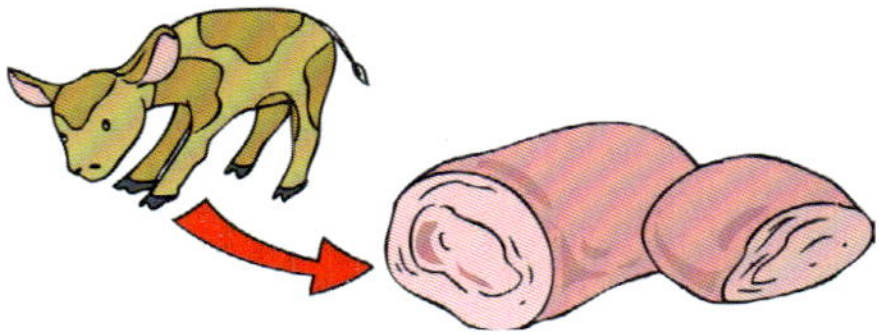

**телятина**
Kalbfleisch
['kalpˌflaɪ̯ʃ]

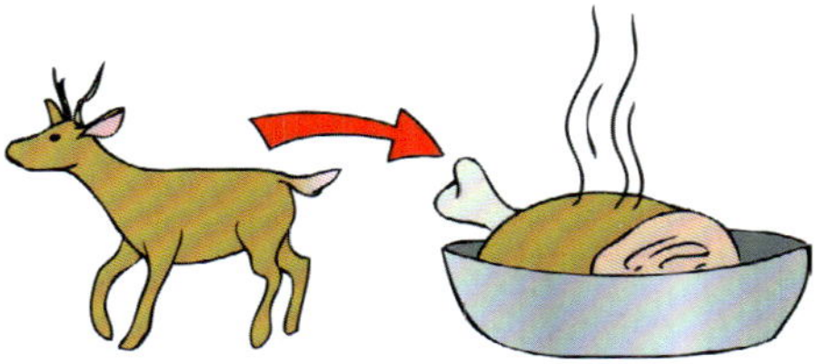

**оленина**
Rehfleisch
['ʀeːˌflaɪ̯ʃ]

**шніцель**
Schnitzel

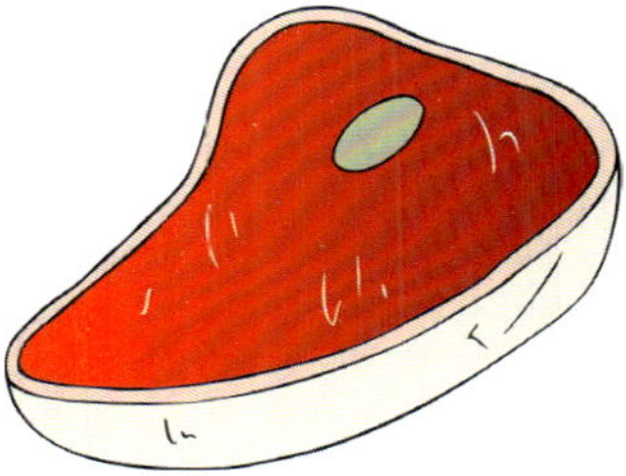

**Бакалія** - *Lebensmittelgeschäft*

**хліб**
Brot
[bʀoːt]

**житній хліб**
Roggenbrot
['ʀɔgn̩ˌbʀoːt]

**хліб із грубого житнього борошна**
Pumpernickel
['pʊmpɐˌnɪkl̩]

**хліб із вівса**
Haferbrot
['haːfɐˌbʀoːt]

**білий хліб**
Weißbrot
['vai̯sˌbʀoːt]

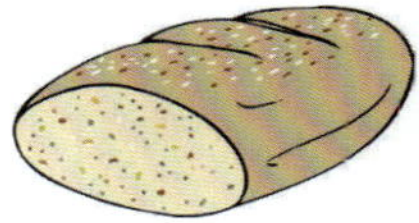

**цільнозерновий хліб**
Vollkornbrot
['fɔlkɔʁnˌbʀoːt]

**булочка**
Brötchen/Semmel
['bʀøːtçən/'zɛml̩]

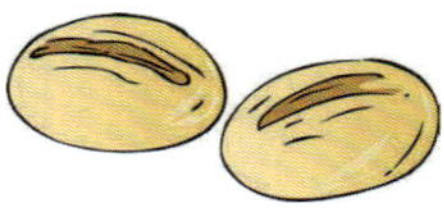

**здобна булочка**
süße Semmel
['zyːsə 'zɛml̩]

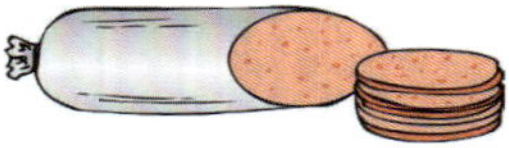

**ковбаса**
Wurst
[vʊʁst]

**шинка**
Schinken
['ʃɪŋkn̩]

**сир**
Käse
['kɛ:zə]

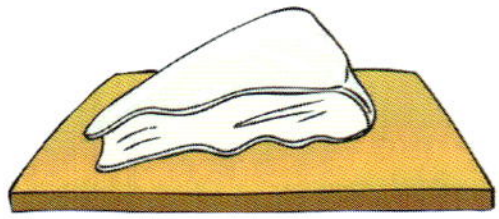

**брі**
Brie
[bʀi:]

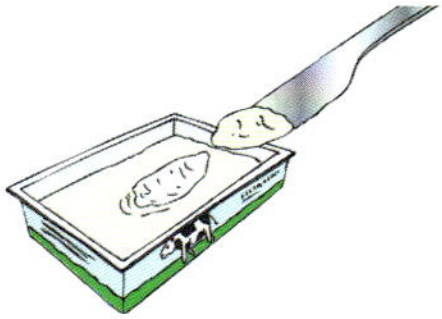

**вершковий сир**
Frischkäse
['fʀɪʃˌkɛ:zə]

**молоко**
Milch
[mɪlç]

**йогурт**
Joghurt
['jo:gʊrt]

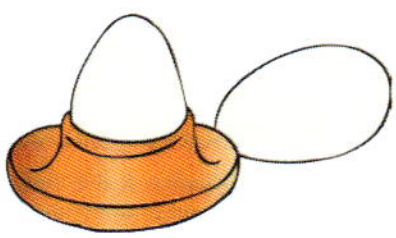

**яйця**
Eier
['aɪ̯əʀ]

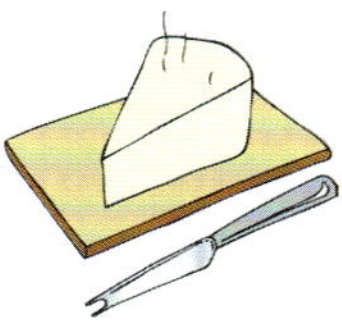

**блакитний сир**
Blauschimmelkäse
['blaʊ̯ʃɪml̩ˌkɛ:zə]

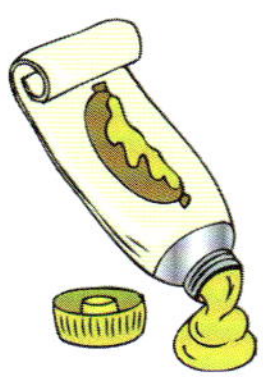

**гірчиця**
Senf

**майонез**
Mayonnaise
[ˌmajɔ'nɛ:zə]

**соус / заправка для салату**
Dressing
['dʀɛsɪŋ]

**кетчуп**
Ketchup
['kɛtʃap]

**оливкова олія**
Olivenöl
[oˈliːvn̩ˌʔøːl]

**табаско**
Tabasco
[taˈbasko]

**соєвий соус**
Sojasoße
[ˈzoːjaˌzoːsə]

**оцет**
Essig
[ˈɛsɪç]

**горішки**
Nüsse
[ˈnʏsə]

**фундук**
Haselnuss
[ˈhaːzl̩ˌnʊs]

**горіхи пекан**
Pecannüsse
[ˈpɛːkaˌnʏsə]

**бразильський горіх**
Paranuss
[ˈpaːʁaˌnʊs]

**кокос**
Kokosnuss
[ˈkoːkɔsˌnʊs]

**каштани**
Kastanien
[ˌkasˈtaːni̯ən]

**фісташки**
Pistazien
[ˌpɪsˈtaːtsi̯ən]

**арахіс**
Erdnüsse
[ˈeːɐ̯tnʏsə]

**мигдаль**
Mandeln
[ˈmandl̩n]

**волоські горіхи**
Walnüsse
[ˈvalˌnʏsə]

**пластівці**
Getreide
[gəˈtʀaɪ̯də]

**вершки**
Sahne
[ˈzaːnə]

**цукерка**
Bonbon
[bɔŋbɔŋ]

**заварний крем**
Vanillesoße
[vaˈnɪləˌzoːsə]

**шоколад**
Schokolade
[ʃokoˈlaːdə]

**морозиво**
Eis
[aɪ̯s]

**Безалкогольні напої** - *Alkoholfreie Getränke*

**напої**
Getränke
[ɡəˈtʀɛŋkə]

**чай**
Tee
[teː]

**зелений чай**
grüner Tee
[ˈɡʀyːnɐ teː]

**жасминовий чай**
Jasmintee
[jasˈmiːnˌteː]

**трав'яний чай**
Kräutertee
[ˈkʀɔɪ̯tɐˌteː]

**чай з льодом**
Eistee
[ˈaɪ̯sˌteː]

**сік**
Saft
[zaft]

**апельсиновий сік**
Orangensaft
[oˈʀãːʒn̩ˌzaft]

**пакет соку**
Saftschachtel
[ˈzaftʃaχtl̩]

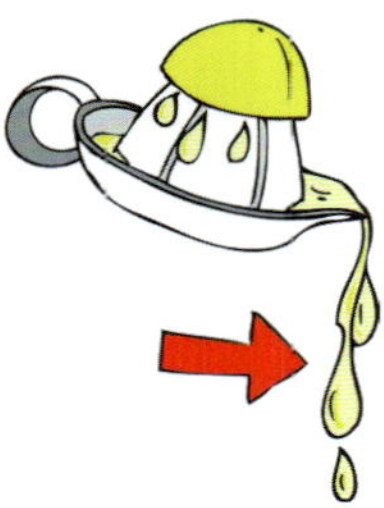

**сквош**
frisch gepresster Saft
[fʀɪʃ ɡəˈpʀɛstɐ zaft]

**лимонад**
Limonade
[ˌlimoˈnaːdə]

**молочний коктейль**
Milchshake
[ˈmɪlçʃeːk]

**знежирене молоко**
Magermilch
[ˈmaːɡɐˌmɪlç]

**мінеральна вода**
Mineralwasser
[mineˈʁaːlˌvasɐ]

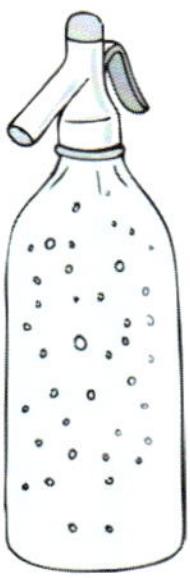

**содова**
Soda(wasser)
[ˈzoːda]

**тонік**
Tonic
[ˈtɔnɪk]

**кава**
Kaffee
[ˈkafe]

**какао**
Kakao
[kaˈkaʊ̯]

**Алкоголь** - *Alkohol*

**Алкоголь**
Alkohol
['alkoˌhoːl]

**вино**
Wein
[vai̯n]

**шампанське**
Champagner
[ʃam'panjɐ]

**портер**
Porter
['pɔrtər]

**пшеничне пиво**
Weizenbier
['vai̯t͡sn̩ˌbiːɐ̯]

**пиво**
Bier
[biːɐ̯]

**місцеве пиво**
einheimisches Bier
['ai̯nˌhai̯mɪʃəs biːɐ̯]

**вермут**
Wermut
['veːɐ̯muːt]

**сухий вермут**
trockener Wermut
['tʀɔkənɐ 'veːɐ̯muːt]

**лікер**
Likör
[li'køːɐ̯]

# ПОКУПКИ
# EINKAUFEN

**Де тут торгівельний центр?**
Wo ist das Einkaufsviertel?
[vo: ɪst das ˈaɪ̯nkaʊ̯fsˌfɪʁtl̩]

**Де найближчий антикварний магазин?**
Wo ist das nächste Antiquitätengeschäft?
[vo: ɪst das ˈnɛ:çstə antikviˈtɛ:tn̩gəʃɛft]

**Де найближчий магазин сувенірів?**
Wo ist die nächste Geschenkeboutique?
[vo: ɪst di: ˈnɛ:çstə gəˈʃɛŋkəbuˌti:k]

**Де найближчий винний магазин?**
Wo ist das nächste Spirituosengeschäft?
[vo: ɪst das ˈnɛ:çstə ʃpiʀiˈtu̯o:zn̩gəʃɛft]

**Де найближчий музичний магазин?**
Wo ist der nächste Musikladen?
[vo: ɪst de:ɐ̯ ˈnɛ:çstə muˈzi:kˌla:dn̩]

**Де найближчий магазин одягу?**
Wo ist das nächste Bekleidungsgeschäft?
[vo: ɪst das ˈnɛ:çstə bəˈklaɪ̯dʊŋsgəʃɛft]

**Де найближчий магазин взуття?**
Wo ist das nächste Schuhgeschäft?
[vo: ɪst das ˈnɛ:çstə ˈʃu:gəʃɛft]

**Де найближчий книжковий магазин?**
Wo ist der nächste Buchladen?
[vo: ɪst de:ɐ̯ ˈnɛ:çstə ˈbu:χˌla:dn̩]

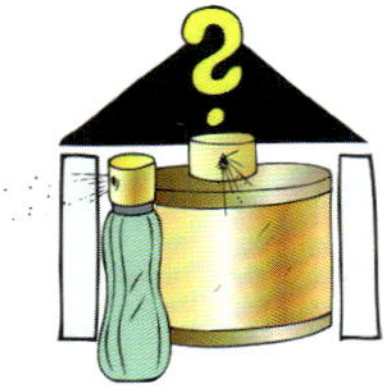

**Де найближча аптека?**
Wo ist die nächste Drogerie?
[vo: ɪst di: ˈnɛ:çstə dʀogəˈʀi:]

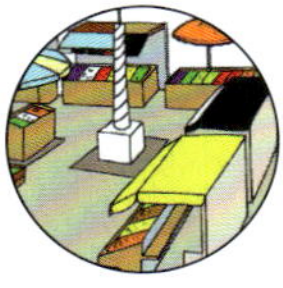

**Де найближчий ринок?**
Wo ist der nächste Markt?
[vo: ɪst de:ɐ̯ ˈnɛ:çstə maʁkt]

**інформація** - *Information*

**Коли ви відкриваєтеся?**
Wann öffnen Sie?
[van 'œfnən zi:]

**На якому поверсі продовольчий відділ?**
In welchem Stock ist die Lebensmittelabteilung?
[ɪn 'vɛlχəm ʃtɔk ɪst di: 'le:bn̩sˌmɪtl̩ʔapˌtaɪ̯lʊŋ]

**Коли ви закриваєтеся?**
Wann schließen Sie?
[van 'ʃli:sn̩ zi:]

**До котрої години ви відкриті у вихідні?**
Wie lange haben Sie an Wochenenden geöffnet?
[vi: 'laŋə 'ha:bən zi: an 'vɔχn̩ˌʔɛndn̩ ˌgə'ʔœfnət]

**Якими товарами славиться це місто?**
Welche typischen Erzeugnisse kann man in dieser Stadt kaufen?
['vɛlçə 'typɪʃn̩ ɛɐ̯'tsɔɪ̯knɪsə kan man ɪn 'di:ze ʃtat 'kaʊ̯fn̩]

### Інформація (Корисні слова)

**антикварний магазин** . . . . . . . . .Antiquitätenladen [antikvi'tɛ:tn̩ˌla:dn̩]
**книжковий магазин** . . . . . . . . . .Buchladen ['bu:χˌla:dn̩]
**аптека**. . . . . . . . . . . . . . . . . . . . .Drogerie [dʀogə'ʀi:]
**газетний кіоск** . . . . . . . . . . . . . .Zeitungskiosk ['tsaɪ̯tʊŋsˌki:ɔsk]
**магазин одягу**. . . . . . . . . . . . . . .Bekleidungsgeschäft [bə'klaɪ̯dʊŋsgəʃɛft]
**універмаг** . . . . . . . . . . . . . . . . . .Kaufhaus ['kaʊ̯fˌhaʊ̯s]
**магазин взуття** . . . . . . . . . . . . . .Schuhgeschäft ['ʃu:gəʃɛft]

| | |
|---|---|
| **спортивний магазин** | Sportwarengeschäft [ˈʃpɔʁtˌvaːʀəngəˌʃɛft] |
| **магазин іграшок** | Spielwarenladen [ˈʃpiːlˌvaːʀənˌlaːdn̩] |
| **магазин здорової їжі** | Reformhaus [ʀeˈfɔʁmˌhaʊ̯s] |
| **ювелірний магазин** | Schmuckgeschäft [ˈʃmʊkgəˌʃɛft] |
| **ринок** | Markt [maʁkt] |
| **міні-маркет** | Minimarkt [ˈmɪniˌmaʁkt] |
| **супермаркет** | Supermarkt [ˈzuːpɐˌmaʁkt] |
| **гіпермаркет** | Großmarkt [ˈgʀoːsˌmaʁkt] |
| **торгівельний центр** | Einkaufszentrum [ˈaɪ̯nkaʊ̯fsˌʦɛntʀʊm] |
| **жіночий одяг** | Damenbekleidung [ˈdaːmənbəˌklaɪ̯dʊŋ] |
| **чоловічий одяг** | Herrenbekleidung [ˈhɛʀənbəˌklaɪ̯dʊŋ] |
| **дитячий одяг** | Kinderbekleidung [ˈkɪndɐbəˌklaɪ̯dʊŋ] |
| **жіноча спідня білизна** | Damenunterwäsche [ˈdaːmənˌʊntɐˌvɛʃə] |
| **трикотаж / панчішні вироби** | Strumpfwaren [ˈʃtʀʊmpfˌvaːʀən] |
| **трикотаж** | Strickwaren [ˈʃtʀɪkˌvaːʀən] |
| **нічний одяг** | Schlafanzüge [ˈʃlaːfʔanˌʦyːgə] |
| **години роботи** | Öffnungszeiten [œfnʊŋsˌʦaɪ̯tən] |
| **закрито** | geschlossen [gəˈʃlɔsən] |
| **відкрито весь день** | Ganztags geöffnet [ˈganʦˌtaːks gəˈʔœfnət] |
| **перерва на обід** | über Mittag geschlossen [ˈyːbɐ ˈmɪtaːk gəˈʃlɔsən] |
| **розпродаж у зв'язку із закриттям** | Schlussausverkauf [ˌʃlʊsˈaʊ̯sfɛɐ̯ˌkaʊ̯f] |
| **тотальний розпродаж** | Totalausverkauf [toˈtaːlʔaʊ̯sfɛɐ̯ˌkaʊ̯f] |
| **адміністратор** | Kundendienst [ˈkʊndn̩diːnst] |
| **каса** | Kasse [ˈkasə] |
| **платити тут** | Hier bezahlen [hiːɐ̯ bəˈʦaːlən] |
| **подарунок** | Geschenk [gəˈʃɛŋk] |
| **розпродаж** | Ausverkauf [ˈaʊ̯sfɛɐ̯ˌkaʊ̯f] |

**Мені потрібно ...**
Ich möchte ...
[ɪç ˈmœçtə]

**Я хотів би ...**
Ich würde gerne ...
[ɪç ˈhɛtə ˈɡɛʁnə]

**Покажіть, будь ласка ...**
Bitte zeigen Sie mir ...
[ˈbɪtə ˈʦaɪ̯ɡn̩ ziː miːɐ̯]

**Я шукаю ...**
Ich suche nach ...
[ɪç ˈzuːχə naːχ]

**У вас є такий же?**
Haben Sie etwas von dieser Art?
[ˈhaːbən ziː ˈɛtvas fɔn ˈdiːzɐ aːɐ̯t]

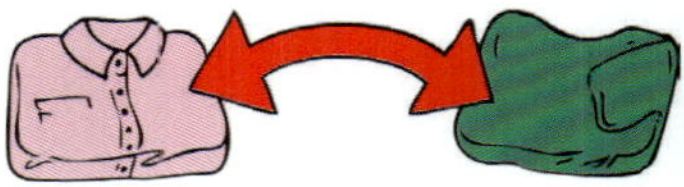

**Покажіть мені інший, будь ласка.**
Bitte zeigen Sie mir ein anderes.
[ˈbɪtə ˈʦaɪ̯ɡn̩ ziː miːɐ̯ aɪ̯n ˈandəʁəs]

**Ви можете зняти з мене мірку?**
Können Sie meine Größe herausfinden?
['kœnən zi: 'mai̯nə 'gʀø:sə hɛ'ʀau̯sˌfɪndn̩]

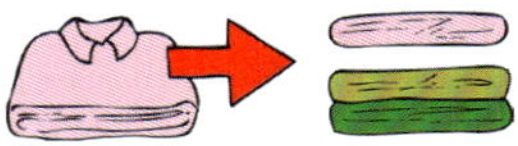

**Відкладіть для мене ось ці речі, будь ласка.**
Bitte legen Sie das für mich zurück.
['bɪtə 'le:gn̩ zi: das fy:ɐ̯ mɪç t͡su'ʀʏk]

**Можна попросити подарункову упаковку?**
Könnte ich einen Geschenkkarton haben, bitte?
['kœntə ɪç 'ai̯nən gə'ʃɛŋkkaʁˌtõ: 'ha:bən 'bɪtə]

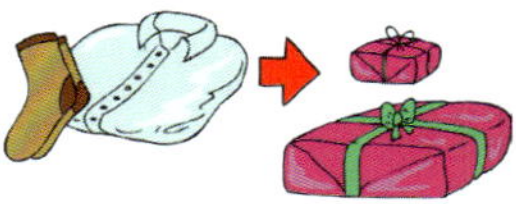

**Загорніть кожен окремо, будь ласка.**
Wickeln Sie sie bitte einzeln ein.
['vɪkl̩n zi: zi: 'bɪtə 'ai̯nt͡sl̩n ai̯n]

**Будь ласка, загорніть це в подарункову упаковку.**
Können Sie das bitte ins Geschenkpapier einwickeln?
['kœnən zi: das 'bɪtə ɪns gə'ʃɛŋkpaˌpi:ɐ̯ 'ai̯nˌvɪkəln]

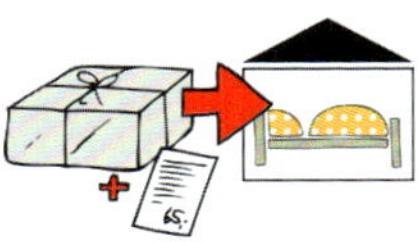

**Надішліть це, будь ласка, в готель із чеком.**
Schicken Sie das bitte mit einer Quittung zum Hotel.
['ʃɪkn̩ zi: das 'bɪtə mɪt 'ai̯nɐ 'kvɪtʊŋ tsʊm ho'tɛl]

**Не могли б Ви надіслати це сьогодні?**
Könnten Sie das bitte heute schicken?
['kœntn̩ zi: das 'bɪtə 'hɔi̯tə 'ʃɪkn̩]

**Можна це забрати?**
Kann ich es mitnehmen?
[kan ɪç ɛs 'mɪtˌne:mən]

**Де це можна придбати?**
Wo kann ich es kaufen?
[vo: kan ɪç ɛs 'kau̯fn̩]

**Мені потрібен діловий костюм.**
Ich brauche einen Geschäftsanzug.
[ɪç ˈbʀaʊ̯χə ˈaɪ̯nən gəˈʃɛfts͡ˌanˌt͡suːk]

**Мені потрібен фрак.**
Ich brauche einen Abendanzug.
[ɪç ˈbʀaʊ̯χə ˈaɪ̯nən ˈaːbn̩tʔanˌt͡suːk]

**Я хотів би приміряти ось це.**
Ich möchte es anprobieren.
[ɪç ˈmœçtə ɛs ˈanpʀoˌbiːʀən]

**Де примірювальна?**
Wo ist die Umkleidekabine?
[voː ɪst diː ˈʊmklaɪ̯dəkaˌbiːnə]

**Це мені не зовсім підходить.**
Es passt mir nicht gut.
[ɛs past miːɐ̯ nɪçt guːt]

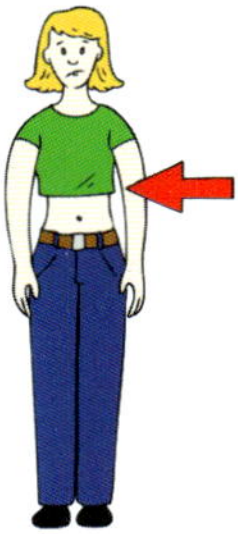

**Занадто коротке.**
Es ist zu kurz.
[ɛs ɪst ʦu: kʊʁʦ]

**Занадто довге.**
Es ist zu lang.
[ɛs ɪst ʦu: laŋ]

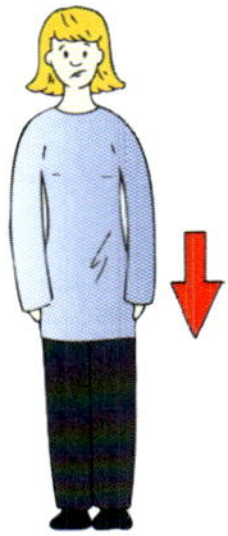

**Занадто вільне.**
Es ist zu weit.
[ɛs ɪst ʦu: vaɪ̯t]

**Занадто вузьке.**
Es ist zu eng.
[ɛs ɪst ʦu: ɛŋ]

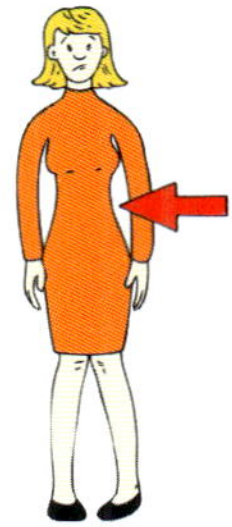

## Одяг (Корисні слова)

**на замовлення** . . . . . . . . . . . . . maßgeschneidert ['ma:sgəʃnaɪ̯dɐt]
**блузка**. . . . . . . . . . . . . . . . . . . . Bluse ['blu:zə]
**сорочка**. . . . . . . . . . . . . . . . . . . Hemd [hɛmt]
**футболка** . . . . . . . . . . . . . . . . . T-Shirt ['ti:ʃø:ɐ̯t]
**піджак / куртка**. . . . . . . . . . . . . Jackett/Jacke [ʒa'kɛt / 'jakə]
**джинси**. . . . . . . . . . . . . . . . . . . . Jeans [dʒi:ns]
**брюки**. . . . . . . . . . . . . . . . . . . . Hose ['ho:zə]
**спідниця**. . . . . . . . . . . . . . . . . . Rock [ʀɔk]
**жилет** . . . . . . . . . . . . . . . . . . . . Weste ['vɛstə]
**бікіні**. . . . . . . . . . . . . . . . . . . . . Bikini [bi'ki:ni]
**труси**. . . . . . . . . . . . . . . . . . . . . Unterhose ['ʊntɐˌho:zə]
**нижня білизна** . . . . . . . . . . . . . Unterwäsche ['ʊntɐˌvɛʃə]
**труси**. . . . . . . . . . . . . . . . . . . . . Slip [slɪp]
**сімейні труси** . . . . . . . . . . . . . . Boxershorts ['bɔksɐʃo:ɐ̯ts]
**шкарпетки** . . . . . . . . . . . . . . . . Socken ['zɔkn̩]
**плавки** . . . . . . . . . . . . . . . . . . . Badehose ['ba:dəˌho:zə]
**купальник**. . . . . . . . . . . . . . . . . Badeanzug ['ba:dəˌʔanʦu:k]
**бюстгальтер** . . . . . . . . . . . . . . . BH [be:'ha:]
**шапка** . . . . . . . . . . . . . . . . . . . . Mütze ['mʏʦə]

Одяг - *Kleidung*

| | |
|---|---|
| **плащ** | Regenmantel ['ʀeːgn̩ˌmantl̩] |
| **пальто** | Mantel ['mantl̩] |
| **пуловер** | Pullover [pʊ'loːvɐ] |
| **тканина** | Stoff [ʃtɔf] |
| **бавовна** | Baumwolle ['baʊ̯mvɔlə] |
| **шовк** | Seide ['zaɪ̯də] |
| **акрил** | Acryl [a'kʀyːl] |
| **поліестер** | Polyester [poly'ʔɛstɐ] |
| **шерсть** | Wolle ['vɔlə] |
| **льон** | Leinen ['laɪ̯nən] |
| **поліамід** | Polyamid [poly'ʔamiːt] |
| **нейлон** | Nylon ['nailɔn] |
| **лайкра** | Lycra ['lykʁaː] |
| **спандекс** | Elasthan [eːla'staːn] |
| **ручної роботи** | handgefertigt ['hændgəˌfɛʁtɪçt] |
| **великий (48-50)** | Large (L) [lɑːdʒ ɛl] |
| **маленький (42-44)** | Small (S) [smɔːl ʔɛs] |
| **середній (44-48)** | Medium (M) ['meːdi̯ʊm ɛm] |
| **дуже великий (50-52)** | Extra Large (XL) ['ɛkstʀa larʒ (ɪksɛl)] |
| **довгий рукав** | lange Ärmel ['laŋə 'ɛʁml̩] |
| **короткий рукав** | kurze Ärmel ['kʊʁtsə 'ɛʁml̩] |

Аксесуари - *Accessoires*

**Не могли б Ви показати мені, які у вас є шовкові краватки?**
Könnten Sie mir einige Seidenkrawatten zeigen?
['kœntn̩ ziː miːɐ̯ 'aɪ̯nɪgə 'zaɪ̯dn̩kʀaˌvatn̩ 'tsaɪ̯gn̩]

**Покажіть мені однотонну краватку, будь ласка.**
Bitte zeigen Sie mir eine einfarbige Krawatte.
['bɪtə 'tsaɪ̯gn̩ ziː miːɐ̯ 'aɪ̯nə 'aɪ̯nˌfaʁbɪgə kʀa'vatə]

**Мені потрібен набір дорожніх сумок.**
Ich würde mir gerne ein praktisches Gepäckset anschauen.
[ɪç 'vʏʁdə miːɐ̯ 'gɛʁnə aɪ̯n 'pʁaktɪʃəs gə'pɛk͵sɛt 'anʃaʊ̯ən]

**Мені потрібні сонцезахисні окуляри.**
Ich hätte gerne eine Sonnenbrille.
[ɪç 'hɛtə 'gɛʁnə 'aɪ̯nə 'zɔnən͵bʁɪlə]

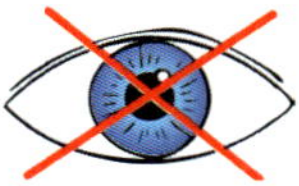

**Ці окуляри для мене занадто слабкі.**
Diese Brille ist mir zu schwach.
['diːzə 'bʁɪlə ɪst miːɐ̯ t͡suː ʃvaχ]

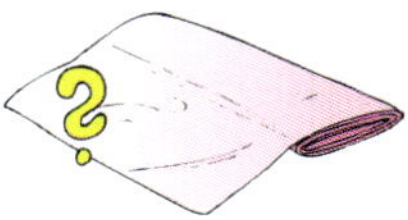

**З чого це зроблено?**
Aus welchem Stoff ist das gemacht?
['aʊ̯s 'vɛlχəm ʃtɔf ɪst das gə'maχt]

**Аксесуари (Корисні слова)**

| | |
|---|---|
| **натуральна шкіра . . . . . . . . . . . .** | echtes Leder [ɛçtəs 'leːdɐ] |
| **шкірозамінник . . . . . . . . . . . . .** | Kunstleder ['kʊnst͵leːdɐ] |
| **жорстка шкіра . . . . . . . . . . . . .** | Hartleder ['haʁt͵leːdɐ] |
| **ремінь / пояс . . . . . . . . . . . . . .** | Gürtel ['gʏʁtl̩] |
| **краватка . . . . . . . . . . . . . . . . . .** | Krawatte [kʁa'vatə] |
| **окуляри. . . . . . . . . . . . . . . . . . .** | Brille ['bʁɪlə] |
| **рукавички . . . . . . . . . . . . . . . . .** | Handschuhe ['hant͵ʃuːə] |
| **сумка . . . . . . . . . . . . . . . . . . . .** | Tasche ['taʃə] |
| **рюкзак . . . . . . . . . . . . . . . . . . .** | Rucksack ['ʁʊk͵zak] |
| **сумочка . . . . . . . . . . . . . . . . . .** | Handtasche ['hant͵taʃə] |
| **шарф . . . . . . . . . . . . . . . . . . . .** | Schal [ʃaːl] |
| **зонт . . . . . . . . . . . . . . . . . . . .** | Regenschirm ['ʁeːgn̩͵ʃɪʁm] |
| **портмоне, гаманець. . . . . . . . .** | Portemonnaie [pɔʁtmɔ'neː] |

**Покажіть мені, будь ласка, чоловічі черевики.**
Ich würde mir gerne ein Paar Herrenschuhe anschauen.
[ɪç 'vʏʁdə miːɐ̯ 'gɛʁnə aɪ̯n paːɐ̯ 'hɛʁənʃuːə 'anʃaʊ̯ən]

**Покажіть мені, будь ласка, жіночі черевики.**
Ich würde mir gerne ein Paar Damenschuhe anschauen.
[ɪç 'vʏʁdə miːɐ̯ 'gɛʁnə aɪ̯n paːɐ̯ 'daːmənʃuːə 'anʃaʊ̯ən]

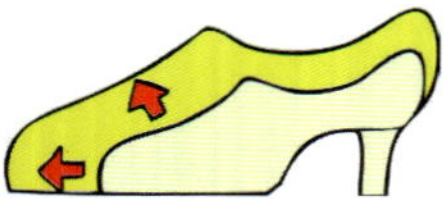

**У вас є розмір побільше?**
Haben Sie welche in einer größeren Nummer?
['haːbən ziː 'vɛlçə ɪn 'aɪ̯nɐ 'gʁøːsəʁən 'nʊmɐ]

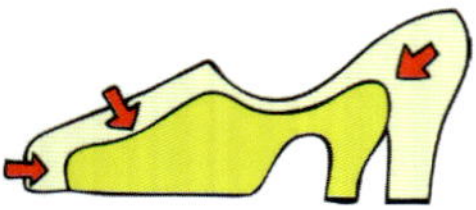

**У вас є розмір поменше?**
Haben Sie welche in einer kleineren Nummer?
['haːbən ziː 'vɛlçə ɪn 'aɪ̯nɐ 'klaɪ̯nəʁən 'nʊmɐ]

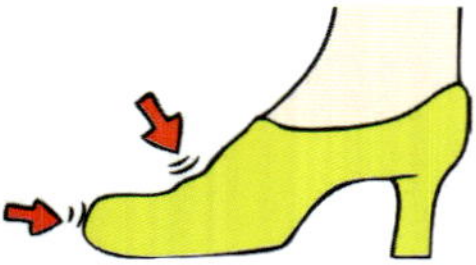

**Вони мені тиснуть.**
Sie drücken.
[ziː 'dʁʏkn̩]

**Взуття (Корисні слова)**

**кросівки** . . . . . . . . . . . . . . . . . . .Freizeitschuhe ['fʁaɪ̯tsaɪ̯tʃuːə]
**тапки**. . . . . . . . . . . . . . . . . . . . . .Pantoffeln [pan'tɔfl̩n]
**сандалії** . . . . . . . . . . . . . . . . . . .Sandalen [zandaːlən]
**каблуки**. . . . . . . . . . . . . . . . . . . .Absätze ['apˌzɛtsə]
**без каблука**. . . . . . . . . . . . . . . . .flach [flaχ]

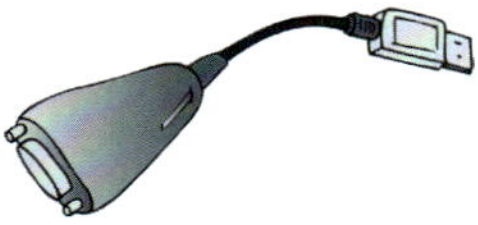

**Я хочу купити адаптер.**
Ich möchte einen Adapter kaufen.
[ɪç 'mœçtə 'ai̯nən a'daptɐ 'kau̯fn̩]

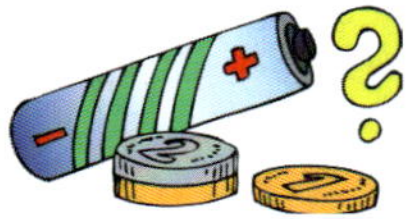

**Я хочу купити акумулятор.**
Ich möchte eine Batterie kaufen.
[ɪç 'mœçtə 'ai̯nə ˌbatə'ʀiː 'kau̯fn̩]

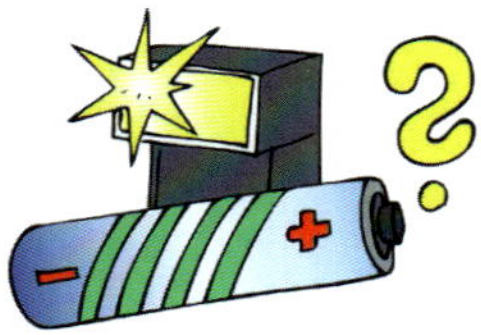

**У Вас є батарейки для ліхтарика?**
Haben Sie Blitzlicht-Batterien?
['haːbən ziː 'blɪt͡slɪçtbatəˌʀiːən]

**У Вас є батарейки для слухового апарату?**
Haben Sie Hörgeräte-Batterien?
['haːbən ziː 'høːɐ̯gəˌʀɛːtə batə'ʀiːən]

**Мені потрібна пара 75-ватних лампочок.**
Ich brauche ein paar Glühbirnen mit 75 Watt.
[ɪç 'bʀau̯χə ai̯n paːɐ̯ 'glyːˌbɪʁnən mɪt ˌfʏnfʔʊnt'ziːpt͡sɪç vat]

**Покажіть, будь ласка, як цим користуватися.**
Zeigen Sie mir bitte, wie man damit umgeht.
['t͡sai̯gn̩ ziː miːɐ̯ 'bɪtə viː man da'mɪt 'ʊmˌgeːt]

**Я хочу отримати фотографії. Ось квитанція.**
Ich möchte meine Fotos abholen. Hier ist meine Quittung.
[ɪç ˈmœçtə ˈmai̯nə ˈfoːtos ˈapˌhoːlən hiːɐ̯ ɪst ˈmai̯nə ˈkvɪtʊŋ]

**На це є гарантія?**
Gibt es eine Garantie?
[giːpt ɛs ˈai̯nə ˌgaʀanˈtiː]

**До цього є інструкція?**
Liegt eine Anleitung bei?
[liːkt ˈai̯nə ˈanlai̯tʊŋ bai̯]

**Я шукаю одноразову камеру.**
Ich suche nach einer Einwegkamera.
[ɪç ˈzuːχə naːχ ˈai̯nɐ ˈai̯nveːkˌkaməʀa]

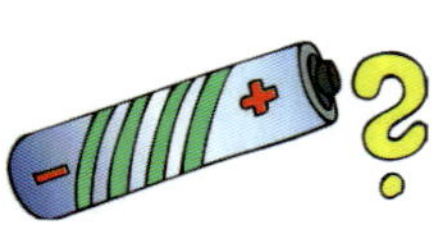

**Дайте мені, будь ласка, батарейку.**
Ich hätte gerne eine Batterie.
[ɪç ˈhɛtə ˈgɛʁnə ˈai̯nə ˌbatəˈʀiː]

**Коли фотографії будуть готові?**
Wann werden die Fotos fertig sein?
[van 've:ɐ̯dn̩ di: 'fo:tos 'fɛʁtɪç zaɪ̯n]

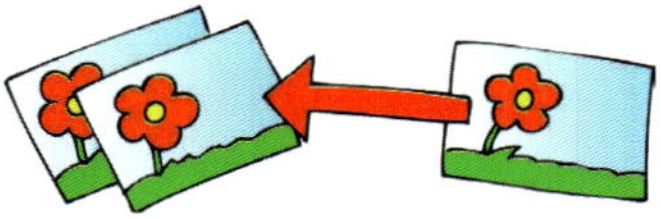

**Мені потрібно по дві фотографії з кожного кадру.**
Ich möchte zwei Abzüge von jedem Foto haben.
[ɪç 'mœçtə tsvaɪ̯ 'ap͵tsy:gə fɔn 'je:dəm 'fo:to 'ha:bən]

**Електротовари (Корисні слова)**

**картка пам'яті** ................ Speicherkarte ['ʃpaɪ̯çe͵kaʁtə]
**плівка** ..................... Film [fɪlm]
**глянсовий друк** ............ Hochglanzdruck ['ho:χglants͵dʀʊk]
**матовий друк** .............. Mattglanzdruck ['mat͵glants͵dʀʊk]
**адаптер** ................... Adapter [a'dapte]
**батарейка / акумулятор** ....... Batterie [batə'ʀi:]
**електробритва** ............. Elektrorasierer [e'lɛktʀoʀa͵zi:ʀe]
**фен** ...................... Haartrockner ['ha:a̯͵tʀɔkne]
**флеш-карта** ................ Flash-Karte ['ʃpaɪ̯çe͵kaʁtə]
**SD карта** .................. SD-Karte [ʔɛs'de:͵kaʁtə]
**смарт-медіа карта** ........... Smart Media Karte [sma:ɐ̯t 'me:di̯a 'kaʁtə]
**компакт-диск** .............. Compact Disc (CD) [kɔm'pɛkt- dɪsk tse:'de:]
**комп'ютер** ................. Computer [kɔm'pju:te]
**миша** ..................... Maus [maʊ̯s]
**мобільний телефон** .......... Handy ['hɛndi]
**цифровий** .................. digital [digi'ta:l]

**Я хотів би купити сувенір на пам'ять про це місто.**
Ich hätte gerne ein Souvenir von dieser Stadt.
[ɪç 'hɛtə 'gɛʁnə aɪ̯n ˌzuvə'niːɐ̯ fɔn 'diːzɐ ʃtat]

**У вас є фотографії з видами цієї місцевості?**
Haben Sie Ansichtsfotos von dieser Gegend?
['haːbən ziː 'anzɪçtsˌfoːtos fɔn 'diːzɐ 'geːgn̩t]

**У вас є футболки з видом міста?**
Haben Sie ein T-Shirt mit Ansichten dieser Stadt?
['haːbən ziː aɪ̯n 'tiːʃøːɐ̯t mɪt 'anˌzɪçtn̩ 'diːzɐ ʃtat]

**Я шукаю картини відомих голландських художників.**
Ich suche nach Bildern von bekannten holländischen Künstlern.
[ɪç 'zuːχə naːχ 'bɪldɐn fɔn bə'kantn̩ 'hɔlɛndɪʃn̩ 'kʏnstlɐn]

**Я цікавлюся європейським мистецтвом.**
Ich interessiere mich für europäische Kunst.
[ɪç ˌɪntəʀɛ'siːʀə mɪç fyːɐ̯ ˌɔɪ̯ʀɔ'pɛːɪʃə kʊnst]

**Я цікавлюся східним мистецтвом.**
Ich interessiere mich für orientalische Kunst.
[ɪç ˌɪntəʀɛ'siːʀə mɪç fyːɐ̯ ˌoʀi̯ɛn'taːlɪʃə kʊnst]

**Букет червоних троянд, будь ласка.**
Einen Strauß roter Rosen, bitte.
['aɪ̯nən ʃtʀaʊ̯s 'ʀo:tɐ 'ʀo:zn̩ 'bɪtə]

**Пляшку вина, будь ласка.**
Eine Flasche Wein, bitte.
['aɪ̯nə 'flaʃə vaɪ̯n 'bɪtə]

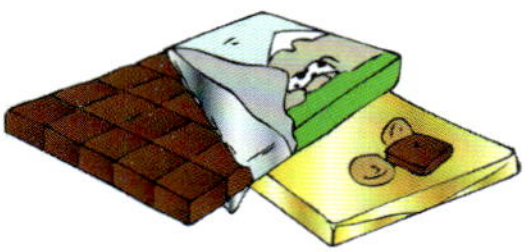

**Дві плитки чорного шоколаду, будь ласка.**
Ich hätte gerne zwei Tafeln schwarze Schokolade.
[ɪç 'hɛtə 'gɛʁnə t͡svaɪ̯ 'ta:fl̩n 'ʃvaʁt͡sə ʃoko'la:də]

**Як довго вони можуть зберігатися?**
Wie lange sind sie haltbar?
[vi: 'laŋə zɪnt zi: 'haltba:ɐ̯]

**Книги** - *Bücher*

**Можна просто подивитися?**
Darf ich mich umschauen?
[daʁf ɪç mɪç ˈʊmˌʃaʊ̯ən]

**Я хотів би купити путівник.**
Ich würde gerne einen Reiseführer kaufen.
[ɪç ˈvʏʁdə ˈɡɛʁnə ˈaɪ̯nən ˈʁaɪ̯zəˌfyːʁɐ ˈkaʊ̯fn̩]

**Я хотів би купити кишеньковий словник.**
Ich würde gerne ein Taschenwörterbuch kaufen.
[ɪç ˈvʏʁdə ˈɡɛʁnə aɪ̯n ˈtaʃn̩vœʁtɐˌbuːχ ˈkaʊ̯fn̩]

**Я хотів би купити карту міста.**
Ich würde gerne einen Stadtplan kaufen.
[ɪç ˈvʏʁdə ˈɡɛʁnə ˈaɪ̯nən ˈʃtatˌplaːn ˈkaʊ̯fn̩]

**Я шукаю ручку.**
Ich hätte gerne einen Kugelschreiber.
[ɪç ˈhɛtə ˈɡɛʁnə ˈaɪ̯nən ˈkuːɡl̩ʃʁaɪ̯bɐ]

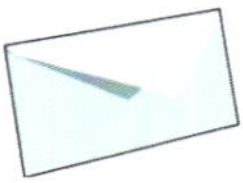

**Я шукаю конверт.**
Ich hätte gerne einen Briefumschlag.
[ɪç ˈhɛtə ˈɡɛʁnə ˈaɪ̯nən ˈbʁiːfʔʊmʃlaːk]

**Пачку сигарет, будь ласка.**
Ich möchte bitte eine Schachtel Zigaretten haben.
[ɪç ˈmœçtə ˈbɪtə ˈaɪ̯nə ˈʃaχtl̩ ˌʦigaˈʀɛtn̩ ˈha:bən]

**Запальничку, будь ласка.**
Ich möchte bitte ein Feuerzeug haben.
[ɪç ˈmœçtə ˈbɪtə aɪ̯n ˈfɔɪ̯ɐˌʦɔɪ̯k ˈha:bən]

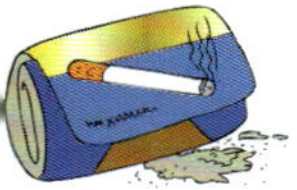

**Тютюн, будь ласка.**
Ich möchte bitte etwas Tabak haben.
[ɪç ˈmœçtə ˈbɪtə ˈɛtvas ˈta:bak ˈha:bən]

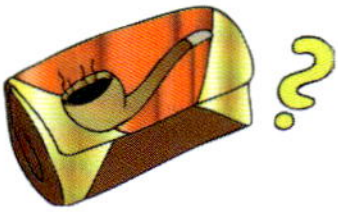

**Ви продаєте тютюн для трубок?**
Haben Sie Pfeifentabak?
[ˈha:bən zi: ˈpfaɪ̯fn̩ˌta:bak]

**Ви продаєте трубки?**
Haben Sie Pfeifen?
[ˈha:bən zi: ˈpfaɪ̯fn̩]

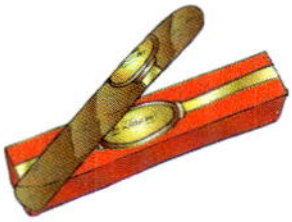

**Ви продаєте сигари?**
Haben Sie Zigarren?
[ˈha:bən zi: ˌʦiˈgaʁən]

**Скільки тютюнових виробів можна пронести через митницю?**
Wie viel Tabak kann ich durch den Zoll bringen?
[vi: fi:l ˈta:bak kan ɪç dʊʁç de:n ʦɔl ˈbʀɪŋən]

**Скільки алкоголю можна пронести через митницю?**
Wie viel Alkohol kann ich durch den Zoll bringen?
[vi: fi:l ˈalkoˌho:l kan ɪç dʊʁç de:n ʦɔl ˈbʀɪŋən]

**Скільки парфумерних виробів можна пронести через митницю**
Wie viel Parfüm kann ich durch den Zoll bringen?
[vi: fi:l paʁˈfy:m kan ɪç dʊʁç de:n ʦɔl ˈbʀɪŋən]

**Запропонуйте мені гарне вино, будь ласка.**
Können Sie mir einen guten Wein empfehlen?
[ˈkœnən zi: mi:ɐ̯ ˈaɪ̯nən gu:tn̩ vaɪ̯n ˌɛmˈpfe:lən]

**Я шукаю якусь невелику прикрасу.**
Ich suche nach einem kleinen Schmuckstück.
[ɪç ˈzuːχə naːχ ˈaɪ̯nəm ˈklaɪ̯nən ˈʃmʊkʃtʏk]

**Я хочу кільце.**
Ich hätte gerne einen Ring.
[ɪç ˈhɛtə ˈɡɛʁnə ˈaɪ̯nən ʁɪŋ]

**Я хочу сережки.**
Ich hätte gerne Ohrringe.
[ɪç ˈhɛtə ˈɡɛʁnə ˈoːɐ̯ˌʁɪŋə]

**Я хочу брошку.**
Ich hätte gerne eine Brosche.
[ɪç ˈhɛtə ˈɡɛʁnə ˈaɪ̯nə ˈbʁɔʃə]

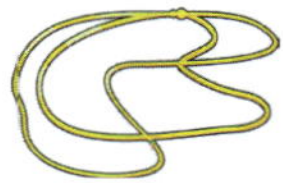

**Я хочу ланцюжок.**
Ich hätte gerne eine Kette.
[ɪç ˈhɛtə ˈɡɛʁnə ˈaɪ̯nə ˈkɛtə]

**Я хочу браслет.**
Ich hätte gerne ein Armband.
[ɪç ˈhɛtə ˈɡɛʁnə aɪ̯n ˈaʁmˌbant]

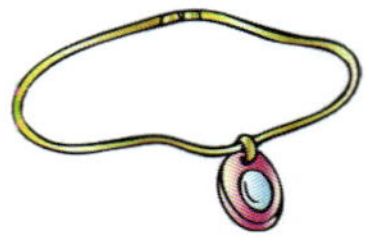

**Я хочу намисто.**
Ich hätte gerne eine Halskette.
[ɪç ˈhɛtə ˈɡɛʁnə ˈaɪ̯nə ˈhalsˌkɛtə]

**Я хочу кулон.**
Ich hätte gerne einen Anhänger.
[ɪç ˈhɛtə ˈɡɛʁnə ˈaɪ̯nən ˈanˌhɛŋɐ]

**Я хочу наручний годинник.**
Ich hätte gerne eine Armbanduhr.
[ɪç ˈhɛtə ˈɡɛʁnə ˈaɪ̯nə ˈaʁmbantˌʔuːɐ̯]

**Я хочу годинник.**
Ich hätte gerne eine Uhr.
[ɪç 'hɛtə 'ɡɛʁnə 'a͜ɪnə u:ɐ̯]

**Я хочу поглянути на золоте кільце.**
Ich möchte mir einen goldenen Ring anschauen.
[ɪç 'mœçtə mi:ɐ̯ 'a͜ɪnən 'ɡɔldənən ʀɪŋ 'anʃa͜ʊən]

**Я хотів би подивитися обручку.**
Ich möchte mir einen Trauring anschauen.
[ɪç 'mœçtə mi:ɐ̯ 'a͜ɪnən 'tʀa͜ʊˌʀɪŋ 'anʃa͜ʊən]

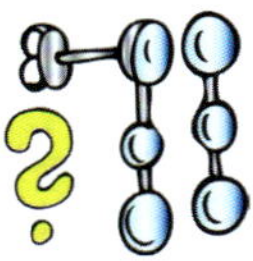

**У вас є золоті сережки?**
Haben Sie goldene Ohrringe?
['ha:bən zi: 'ɡɔldənə 'o:ɐ̯ˌʀɪŋə]

**Це золото?**
Ist das Gold?
[ɪst das ɡɔlt]

**Ювелірні вироби / Годинники** - *Schmuck/Uhren*

**Це ручна робота?**
Ist das Handarbeit?
[ɪst das 'hant?aʁ̯baɪ̯t]

**На це є сертифікат?**
Gibt es dafür ein Zertifikat?
[gi:pt ɛs da'fy:ɐ̯ aɪ̯n ˌtsɛʁtifi'ka:t]

**Поміняйте мені, будь ласка, батарейку в годиннику.**
Könnten Sie bitte die Batterie in meiner Uhr wechseln?
['kœntn̩ zi: 'bɪtə di: ˌbatə'ʁi: ɪn 'maɪ̯nɐ u:ɐ̯ 'vɛks̩ln]

**Заводна голівка зламана.**
Das Aufziehrädchen ist kaputt.
[das 'aʊ̯ftsi:ˌʁɛ:tçən ɪst ka'pʊt]

## Ювелірні вироби / Годинники (Корисні слова)

**діамант** ..................... Diamant [ˌdia'mant]
**перли** ..................... Perle ['pɛʁlə]
**платина** ..................... Platin ['pla:ti:n]
**кришталевий посуд** .......... Kristallgeschirr [kʁɪs'talgəʃɪʁ]
**аквамарин** ................. Aquamarin [akvama'ʁi:n]
**смарагд** ................... Smaragd [sma'ʁakt]
**рубін** ..................... Rubin [ʁu'bi:n]
**срібло** .................... Silber ['zɪlbɐ]
**золото** .................... Gold [gɔlt]
**дорогоцінний камінь** ......... Edelstein ['e:dl̩ʃtaɪ̯n]
**напівкоштовні камені** ......... Halbedelsteine ['halpe:dl̩ʃtaɪ̯nə]
**біжутерія** .................. Bijouterie [bi:'ʒu:təʁi:]

**Де у вас консерви?**
Wo kann ich Konserven finden?
[vo: kan ɪç kɔn'zɛʁvən 'fɪndn̩]

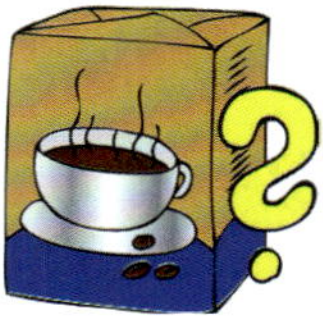

**Де у вас кава?**
Wo kann ich Kaffee finden?
[vo: kan ɪç 'kafe 'fɪndn̩]

**Де у вас чай?**
Wo kann ich Tee finden?
[vo: kan ɪç te: 'fɪndn̩]

**Де у вас предмети гігієни?**
Wo kann ich Toilettenartikel finden?
[vo: kan ɪç to̯a'lɛtn̩ˌaʁˌti:kl̩ 'fɪndn̩]

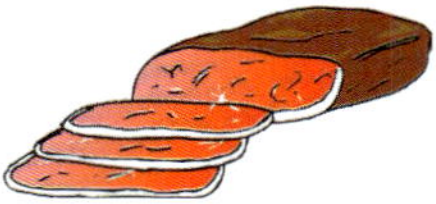

**Кілька шматочків шинки, будь ласка.**
Geben Sie mir bitte ein paar Scheiben Schinken.
['ge:bn̩ zi: mi:ɐ̯ 'bɪtə aɪ̯n pa:ɐ̯ 'ʃaɪ̯bn̩ 'ʃɪŋkn̩]

**Це потрібно готувати?**
Muss das gekocht werden?
[mʊs das gə'kɔχt 've:ɐ̯dn̩]

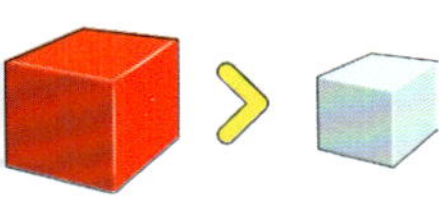

**Побільше.**
Etwas mehr.
['ɛtvas me:ɐ̯]

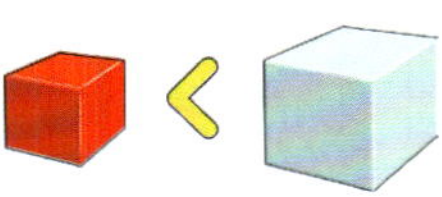

**Поменше.**
Etwas weniger.
['ɛtvas 've:nɪɡɐ]

**У супермаркеті** - *Im Supermarkt*

**Дякую, досить.**
Das ist alles, danke.
[das ɪst 'aləs 'daŋkə]

**Можна пакет?**
Kann ich bitte eine Tüte haben?
[kan ɪç 'bɪtə 'aɪ̯nə 'ty:tə 'ha:bən]

**Тут є аптека?**
Gibt es hier eine Apotheke?
[gi:pt ɛs hi:ɐ̯ 'aɪ̯nə ˌapo'te:kə]

## У супермаркеті (Корисні слова)

| | |
|---|---|
| **Тільки готівка** . . . . . . . . . . . . . . . . . . . . | Nur Bargeld [nu:ɐ̯ 'ba:ɐ̯ˌgɛlt] |
| **Господарські товари** . . . . . . . . . . . . . . . . | Haushaltswaren ['haʊ̯shaltsˌva:ʀən] |
| **Делікатеси** . . . . . . . . . . . . . . . . . . . . . . | Feinkostgeschäft ['faɪ̯nkɔstgəʃɛft] |
| **Булочна** . . . . . . . . . . . . . . . . . . . . . . . . | Bäckerei [ˌbɛkə'ʀaɪ̯] |
| **Зберігати в холодильнику** . . . . . . . . . . . | Nicht auftauen [nɪçt 'aʊ̯ftaʊ̯ən] |
| **Термін реалізації ...** . . . . . . . . . . . . . . . | Zu verkaufen bis ... [tsu: fɛɐ̯'kaʊ̯fən bɪs] |
| **для приготування в мікрохвильовій печі** | mikrowellengeeignet ['mi:kʀovɛləngəˌʔaɪ̯gnət] |
| **унція (тридцять грамів)** . . . . . . . . . . . | Unze ['ʊntsə] |
| **фунт (чотириста грамів)** . . . . . . . . . . . | Pfund [pfʊnt] |
| **дюжина** . . . . . . . . . . . . . . . . . . . . . . . . | Dutzend ['dʊtsn̩t] |
| **кілограм** . . . . . . . . . . . . . . . . . . . . . . . | Kilo ['ki:lo] |
| **грам** . . . . . . . . . . . . . . . . . . . . . . . . . . | Gramm [gʀam] |
| **літр** . . . . . . . . . . . . . . . . . . . . . . . . . . . | Liter ['li:tɐ] |
| **талон, купон** . . . . . . . . . . . . . . . . . . . | Kupon [ku'põ] |
| **знижка** . . . . . . . . . . . . . . . . . . . . . . . . | Rabatt [ʀa'bat] |
| **квитанція / чек** . . . . . . . . . . . . . . . . . | Beleg [bə'le:k] |

**Де я можу заплатити?**
Wo bezahle ich?
[vo: bə'ʦa:lə ɪç]

**Ви приймаєте кредитні картки?**
Nehmen Sie Kreditkarten an?
['ne:mən zi: kʀe'di:tˌkaʁtn̩ an]

**Ви приймаєте іноземну валюту?**
Nehmen Sie ausländische Währung an?
['ne:mən zi: 'aʊ̯sˌlɛndɪʃə 'vɛ:ʀʊŋ an]

**Ви приймаєте дорожні чеки?**
Nehmen Sie Reiseschecks an?
['ne:mən zi: 'ʀaɪ̯zəˌʃɛks an]

**Це більше, ніж я можу заплатити.**
Das ist mehr als ich bezahlen kann.
[das ɪst me:ɐ̯ als ɪç ˌbə'ʦa:lən kan]

**Можна купити це без податку?**
Kann ich es zollfrei kaufen?
[kan ɪç ɛs 'ʦɔlfʀaɪ̯ 'kaʊ̯fn̩]

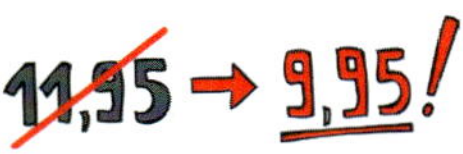


**Ви можете запропонувати мені кращу ціну?**
Können Sie mir einen besseren Preis anbieten?
['kœnən zi: mi:ɐ̯ 'aɪ̯nən 'bɛsəʀən pʀaɪ̯s 'anˌbi:tn̩]

**Ви можете зробити мені знижку за оплату готівкою?**
Können Sie mir einen Barzahlungsrabatt gewähren?
['kœnən zi: mi:ɐ̯ 'aɪ̯nən 'ba:ɐ̯ˌʦa:lʊŋsʀaˌbat ˌgə'vɛ:ʀən]

**Ви можете дати мені товарний чек?**
Können Sie mir einen Beleg geben?
['kœnən zi: mi:ɐ̯ 'aɪ̯nən bə'le:k 'ge:bn̩]

**У цьому рахунку немає помилки?**
Ist da nicht ein Fehler in der Rechnung?
[ɪst da: nɪçt aɪ̯n 'fe:lɐ ɪn de:ɐ̯ 'ʀɛçnʊŋ]

**Перевірте ще раз.**
Prüfen Sie es noch einmal nach, bitte?
['pʀy:fən zi: ɛs nɔχ 'aɪ̯nma:l na:χ 'bɪtə]

**Я вже заплатив!**
Ich habe schon bezahlt!
[ɪç 'ha:bə ʃo:n bə'ʦa:lt]

**Я хотів би це повернути.**
Ich möchte das zurückgeben.
[ɪç 'mœçtə das ʦu'ʀʏkˌge:bn̩]

**Ось мій чек.**
Hier ist mein Zahlungsbeleg.
[hi:ɐ̯ ɪst maɪ̯n 'ʦa:lʊŋsbəˌle:k]

**Це зламане.**
Das ist kaputt.
[das ɪst ka'pʊt]

# РЕМОНТ / ПРАЛЬНЯ
# REPARATUREN / WÄSCHEREI

**Пральня/Хімчистка** - *Wäscherei/Chemische Reinigung*

**Де найближча пральня?**
Wo ist die nächste Wäscherei?
[vo: ɪst di: ˈnɛ:çstə ˌvɛʃəˈʀaɪ̯]

**Де найближча хімчистка?**
Wo ist die nächste chemische Reinigung?
[vo: ɪst di: ˈnɛ:çstə ˈçe:miʃə ˈʀaɪ̯nɪgʊŋ]

**Де найближча пральня самообслуговування?**
Wo ist der nächste Waschsalon?
[vo: ɪst de:ɐ̯ ˈnɛ:çstə ˈvaʃˌsalɔn]

**Скільки це буде коштувати?**
Was wird es kosten?
[vas vɪʁt ɛs ˈkɔstn̩]

**Коли можна забрати речі?**
Wann kann ich meine Sachen zurückhaben?
[van kan ɪç ˈmaɪ̯nə ˈzaχn̩ ʦuˈʀʏkˌha:bn̩]

**Це не мої речі.**
Das sind nicht meine Sachen.
[das zɪnt nɪçt ˈmaɪ̯nə ˈzaχn̩]

**Мені потрібно випрати ось це.**
Ich möchte das waschen lassen.
[ɪç ˈmœçtə das ˈvaʃn̩ ˈlasn̩]

**Мені потрібно випрасувати ось це.**
Ich möchte das bügeln lassen.
[ɪç 'mœçtə das 'by:gln 'lasn̩]

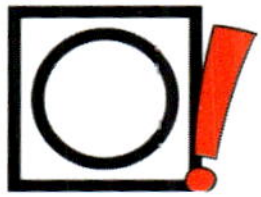

**Мені потрібно вичистити ось це.**
Ich möchte das chemisch reinigen lassen.
[ɪç 'mœçtə das 'çe:mɪʃ 'ʀai̯nɪgn̩ 'lasn̩]

**Не прасувати.**
Nicht bügeln.
[nɪçt 'by:gln]

**Не відбілювати.**
Nicht bleichen.
[nɪçt 'blai̯çn̩]

**Тільки суха чистка**
Nur trocken reinigen
[nu:ɐ̯ 'tʀɔkn̩ 'ʀai̯nɪgn̩]

**Не піддавати хімчистці.**
Nicht chemisch reinigen.
[nɪçt 'çe:mɪʃ 'ʀai̯nɪgn̩]

**Прати вручну**
Nur Handwäsche
[nu:ɐ̯ 'hantˌvɛʃə]

## Пральня/Хімчистка (Корисні слова)

| | |
|---|---|
| **прати** | waschen ['vaʃn̩] |
| **сушити** | trocknen ['tʀɔknən] |
| **пральна машина** | Waschmaschine ['vaʃmaˌʃi:nə] |
| **сушарка** | Trockner ['tʀɔknɐ] |
| **кондиціонер для білизни** | Weichspüler ['vai̯çʃpy:lɐ] |
| **відбілювач** | Bleichmittel ['blai̯çˌmɪtl̩] |
| **(рідкий) миючий засіб** | (Flüssig-)Waschmittel ['flʏsɪçˌvaʃˌmɪtl̩] |
| **монетки** | Münzen ['mʏntsn̩] |
| **біла білизна** | weiße Wäsche ['vai̯sə 'vɛʃə] |
| **кольорова білизна** | farbige Wäsche ['faʁbɪgə 'vɛʃə] |
| **світла білизна** | helle Wäsche ['hɛlə 'vɛʃə] |
| **темна білизна** | dunkle Wäsche ['dʊŋklə 'vɛʃə] |
| **тканини для делікатного прання** | Feinwäsche ['fai̯nˌvɛʃə] |
| **Прати окремо.** | Getrennt waschen. [gə'tʀɛnt 'vaʃn̩] |
| **Прати, вивернувши навиворіт.** | Auf links waschen. [au̯f lɪŋks 'vaʃn̩] |

## Ремонт - *Reparaturen*

**Ви можете це відремонтувати?**
Können Sie das reparieren?
['kœnən zi: das ˌʀepa'ʀi:ʀən]

**Чи варто це ремонтувати?**
Lohnt es, das zu reparieren?
[lo:nt ɛs das ʦu: ˌʀepa'ʀi:ʀən]

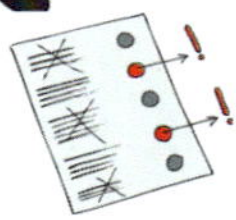

**Зробіть тільки необхідний ремонт.**
Machen Sie nur das Nötigste.
['maχn̩ zi: nu:ɐ̯ das 'nø:tɪçstə]

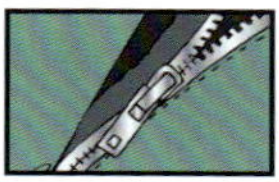

**Чи не могли б ви полагодити блискавку?**
Können Sie den Reißverschluss reparieren?
['kœnən zi: de:n 'ʀaɪ̯sfɛɐ̯ʃlʊs ˌʀepa'ʀi:ʀən]

**У вас є до цього батарейки?**
Haben Sie eine Batterie hierfür?
['ha:bən zi: 'aɪ̯nə ˌbatə'ʀi: 'hi:ɐ̯'fy:ɐ̯]

**Скільки часу займе ремонт?**
Wie lang wird die Reparatur dauern?
[vi: laŋ vɪʁt di: ˌʀepaʀa'tu:ɐ̯ 'daʊ̯ɐn]

**Це погано працює.**
Es funktioniert nicht richtig.
[ɛs ˌfʊŋkʦi̯o'ni:ɐ̯t nɪçt 'ʀɪçtɪç]

**Як це працює?**
Wie funktioniert das?
[vi: ˌfʊŋkʦi̯o'ni:ɐ̯t das]

# СПОРТ/ДОЗВІЛЛЯ
# SPORT/FREIZEIT

**Тут поблизу є кемпінг?**
Gibt es in der Nähe einen Campingplatz?
[gi:pt ɛs ɪn de:ɐ̯ 'nɛ:ə 'aɪ̯nən 'kɛmpɪŋˌplats]

**Тут можна розбити наметовий табір?**
Können wir hier draußen zelten?
['kœnən vi:ɐ̯ hi:ɐ̯ 'dʀaʊ̯sən 'tsɛltn̩]

**Скільки з одного причепа?**
Was kostet es pro Wohnwagen?
[vas 'ko:stət ɛs pʀo: 'vo:nˌva:gn̩]

**Скільки з однієї машини?**
Was kostet es pro Auto?
[vas 'ko:stət ɛs pʀo: 'aʊ̯to]

**Скільки коштує день?**
Was kostet ein Tag?
[vas 'ko:stət aɪ̯n ta:k]

**У вас є місце для намету?**
Haben Sie Platz für ein Zelt?
['ha:bən zi: plats fy:ɐ̯ aɪ̯n tsɛlt]

**Скільки з одного намету?**
Was kostet es pro Zelt?
[vas 'ko:stət ɛs pʀo: tsɛlt]

**Де можна взяти питну воду?**
Wo kann ich Trinkwasser bekommen?
[vo: kan ɪç 'tʀɪŋk͵vasɐ ͵bə'kɔmən]

**На стоянці є душові?**
Gibt es Duschen auf dem Campingplatz?
[gi:pt ɛs 'du:ʃn̩ au̯f de:m 'kɛmpɪŋ͵plaʦ]

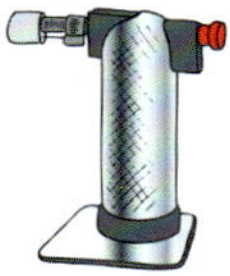

**Де можна взяти газовий балон?**
Wo kann ich Butangas bekommen?
[vo: kan ɪç bu'ta:n͵ga:s ͵bə'kɔmən]

**На стоянці є мусорні баки?**
Gibt es Mülltonnen auf dem Campingplatz?
[gi:pt ɛs 'mʏl͵tɔnən au̯f de:m 'kɛmpɪŋ͵plaʦ]

**На стоянці є електричні розетки?**
Gibt es Elektro-Steckdosen auf dem Campingplatz?
[gi:pt ɛs e'lɛktʀoʃtɛk͵do:zn̩ au̯f de:m 'kɛmpɪŋ͵plaʦ]

**Місто далеко звідси?**
Ist die Stadt weit weg von hier?
[ɪst di: ʃtat vai̯t vɛk fɔn hi:ɐ̯]

**Можна мені карту пішохідних маршрутів в цьому районі?**
Ich brauche eine Karte mit den Wanderwegen dieser Gegend.
[ɪç 'bʀau̯χə 'ai̯nə 'kaʁtə mɪt de:n 'vandɐ͵ve:gn̩ 'di:zɐ 'ge:gn̩t]

## Кемпінг - *Camping*

**Тут забагато народу.**
Hier ist es zu voll.
[hiːɐ̯ ɪst ɛs t͡suː fɔl]

**Грунт занадто твердий.**
Der Boden ist zu hart.
[deːɐ̯ ˈboːdn̩ ɪst t͡suː haʁt]

**Грунт занадто нерівний.**
Der Boden ist zu uneben.
[deːɐ̯ ˈboːdn̩ ɪst t͡suː ˈʊnʔeːbn̩]

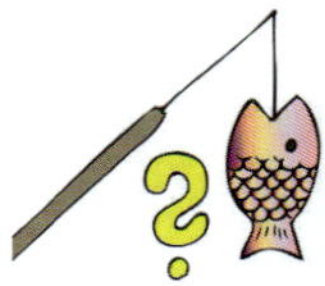

**Тут можна полювати?**
Ist das Jagen erlaubt hier?
[ɪst das ˈjaːgən ɛɐ̯ˈlau̯pt hiːɐ̯]

**Тут можна рибалити?**
Ist das Fischen erlaubt hier?
[ɪst das ˈfɪʃn̩ ɛɐ̯ˈlau̯pt hiːɐ̯]

### Кемпінг (Корисні слова)

| | |
|---|---|
| сірники | Streichhölzer [ˈʃtʀai̯çˌhœlt͡sɐ] |
| вугілля | Holzkohle [ˈhɔlt͡sˌkoːlə] |
| бутан | Butangas [buˈtaːnˌgaːs] |
| розпірка для намету | Zeltstange [ˈt͡sɛltˌʃtaŋə] |
| молоток | Hammer [ˈhamɐ] |
| кілочки | Zeltpflöcke [ˈt͡sɛltˌpflœkə] |
| керосинова плита | Kerosinkocher [keʀoˈziːnˌkɔχɐ] |
| спальний мішок | Schlafsack [ˈʃlaːfˌzak] |
| брезент | Unterlegplane [ˈʊntɐleːkˌplaːnə] |
| піна | Isomatte [ˈiːzomatə] |
| вогнище | Lagerfeuer [ˈlaːgɐˌfɔɪ̯ɐ] |
| майданчик для кемпінгу | Zeltplatz [ˈt͡sɛltˌplat͡s] |
| Питна вода | Trinkwasser [ˈtʀɪŋkˌvasɐ] |

**Як звідси потрапити на пляж?**
Wie komme ich von hier zum Strand?
[viː ˈkɔmə ɪç fɔn hiːɐ̯ tsʊm ʃtʀant]

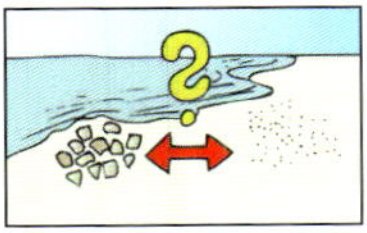

**Пляж гальковий чи піщаний?**
Ist der Strand steinig oder sandig?
[ɪst deːɐ̯ ʃtʀant ˈʃtaɪ̯nɪç ˈoːdɐ ˈzandɪç]

**Тут безпечно плавати?**
Ist es nicht gefährlich, hier zu schwimmen?
[ɪst ɛs nɪçt ˌgəˈfɛːɐ̯lɪç hiːɐ̯ tsuː ˈʃvɪmən]

**Тут десь є відкритий басейн?**
Gibt es ein Freibad in der Nähe?
[giːpt ɛs aɪ̯n ˈfʀaɪ̯ˌbaːt ɪn deːɐ̯ ˈnɛːə]

**Тут є фітнес-центр?**
Haben Sie hier ein Fitnesszentrum?
[ˈhaːbən ziː hiːɐ̯ aɪ̯n ˈfɪtnɛsˌtsɛntʀʊm]

**Де найближчий аквапарк?**
Wo ist der nächste Aquapark?
[voː ɪst deːɐ̯ ˈnɛːçstə ˈaːkvaˌpaʁk]

**Там можна покататися на водних лижах?**
Kann ich dort Wasserski fahren?
[kan ɪç dɔʁt ˈvasɐʃiː ˈfaːʀən]

**Там можна зайнятися серфінгом?**
Kann ich dort surfen?
[kan ɪç dɔʁt ˈzœʁfn̩]

**Там можна зайнятися дайвінгом?**
Kann ich dort tauchen?
[kan ɪç dɔʁt ˈtaʊ̯χn̩]

**Там можна зайнятися скайглайдингом?**
Kann ich dort Segelfliegen gehen?
[kan ɪç dɔʁt ˈzeːglˌfliːgn̩ ˈgeːən]

**Де найближчий пункт прокату?**
Wo ist das nächste Mietbüro?
[voː ɪst das ˈnɛːçstə ˈmiːtbyˌʀoː]

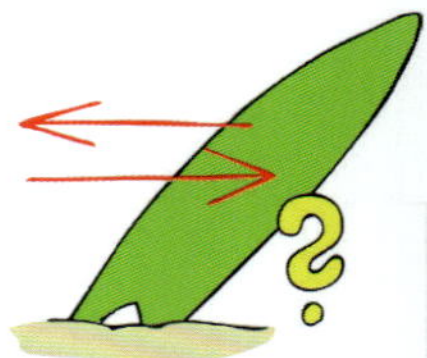

**Де можна взяти напрокат дошку для серфінгу?**
Wo kann ich ein Surfbrett mieten?
[voː kan ɪç aɪ̯n ˈzøːɐ̯fˌbʀɛt ˈmiːtən]

**Скільки коштує оренда дошки для серфінгу?**
Was kostet es, ein Surfbrett zu mieten?
[vas ˈkoːstət ɛs aɪ̯n ˈzøːɐ̯fˌbʀɛt t͡suː ˈmiːtən]

**Чи потрібно залишати заставу?**
Ist es nötig, eine Kaution zu hinterlegen?
[ɪst ɛs ˈnøːtɪç ˈaɪ̯nə kaʊ̯ˈt͡si̯oːn t͡suː ˌhɪntɐˈleːgn̩]

**Де можна взяти напрокат лежак?**
Wo kann ich eine Sonnenbank mieten?
[vo: kan ɪç 'aɪ̯nə 'zɔnən,baŋk 'mi:tən]

**Де можна взяти напрокат парасольку?**
Wo kann ich einen Schirm mieten?
[vo: kan ɪç 'aɪ̯nən ʃɪʁm 'mi:tən]

**Де можна взяти напрокат моторний човен?**
Wo kann ich ein Motorboot mieten?
[vo: kan ɪç aɪ̯n 'mo:to:ɐ̯,bo:t 'mi:tən]

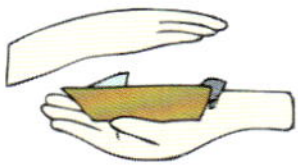

**Човен застраховано від нещасних випадків?**
Ist das Boot gegen Notfälle versichert?
[ɪst das bo:t 'ge:gn̩ 'no:t,fɛlə fɛɐ̯'zɪçɐt]

**Коли я маю повернути яхту?**
Wann muss ich das Boot zurückbringen?
[van mʊs ɪç das bo:t ʦu'ʀʏk,bʀɪŋən]

**Тут є рифи або сильні течії?**
Gibt es hier Riffe oder starke Strömungen?
[gi:pt ɛs hi:ɐ̯ 'ʀɪfə 'o:dɐ 'ʃtaʁkə 'ʃtʀø:mʊŋən]

**На пляжі** - *Am Strand*

**Де найближчий дайвінг-центр?**
Wo ist das nächste Diving-Zentrum?
[vo: ɪst das ˈnɛ:çstə ˈdaɪvɪŋˌʦɛntʀʊm]

**Де мені знайти інструктора?**
Wo kann ich einen Trainer finden?
[vo: kan ɪç ˈaɪ̯nən ˈtʀɛ:nɐ ˈfɪndn̩]

**На скільки мені вистачить кисню?**
Wie lange hält die Sauerstoffflasche?
[vi: ˈlaŋə hɛlt di: ˈzaʊ̯ɐʃtɔfˌflaʃə]

**Можна взяти напрокат гідрокостюм та спорядження?**
Kann ich einen Taucheranzug und Tauchausrüstung mieten?
[kan ɪç ˈaɪ̯nən ˈtaʊ̯xɐˌʔanʦu:k ʊnt ˈtaʊ̯xʔaʊ̯sˌʀʏstʊŋ ˈmi:tən]

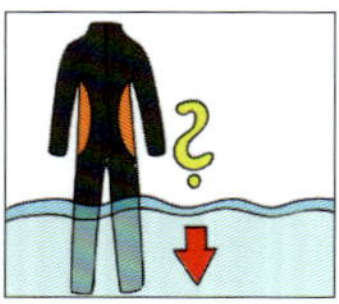

**На яку глибину можна спускатися в цьому костюмі?**
Wie tief kann ich mit diesem Taucheranzug tauchen?
[vi: ti:f kan ɪç mɪt ˈdi:zəm ˈtaʊ̯xɐˌʔanʦu:k ˈtaʊ̯xn̩]

**Яка тут глибина?**
Wie tief ist es hier?
[vi: ti:f ɪst ɛs hi:ɐ̯]

**Тут є підводні течії?**
Gibt es hier Unterwasserströmungen?
[gi:pt ɛs hi:ɐ̯ ʊntɐˈvasɐʃtʀø:mʊŋən]

# ЗДОРОВ'Я / АПТЕКА
# GESUNDHEIT/APOTHEKE

**Симптоми** - *Symptome*

**У мене болить у грудях.**
Ich habe Schmerzen in der Brust.
[ɪç 'haːbə 'ʃmɛʁtsn̩ ɪn deːɐ̯ bʁʊst]

**У мене болить бік.**
Ich habe Schmerzen in der Seite.
[ɪç 'haːbə 'ʃmɛʁtsn̩ ɪn deːɐ̯ 'zaɪ̯tə]

**Мені погано.**
Ich fühle mich nicht wohl.
[ɪç 'fyːlə mɪç nɪçt voːl]

**У мене жар.**
Ich habe Fieber.
[ɪç 'haːbə 'fiːbɐ]

**У мене болить горло.**
Ich habe Halsschmerzen.
[ɪç 'haːbə 'halsʃmɛʁtsn̩]

**У мене болить спина.**
Ich habe Rückenschmerzen.
[ɪç 'haːbə 'ʁʏkŋʃmɛʁtsn̩]

**У мене болить рука.**
Ich habe Schmerzen in meinem Arm.
[ɪç 'haːbə ʃmɛʁtsn̩ ɪn 'maɪ̯nəm aʁm]

**У мене озноб.**
Ich habe Schüttelfrost.
[ɪç ˈhaːbə ˈʃʏtl̩ˌfʀɔst]

**У мене болить голова.**
Ich habe Kopfschmerzen.
[ɪç ˈhaːbə ˈkɔpfˌʃmɛʁtsn̩]

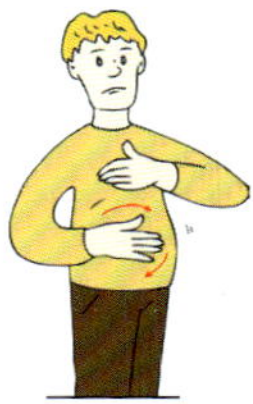

**Я відчуваю слабкість.**
Ich fühle mich schwach.
[ɪç ˈfyːlə mɪç ʃvaχ]

**У мене болить шлунок.**
Ich habe Bauchschmerzen.
[ɪç ˈhaːbə ˈbaʊ̯χˌʃmɛʁtsn̩]

**У мене розлад шлунку.**
Ich habe eine Magenverstimmung.
[ɪç ˈhaːbə ˈaɪ̯nə ˈmaːgn̩fɛɐ̯ˌʃtɪmʊŋ]

**У мене паморочиться голова.**
Mir ist schwindlig.
[miːɐ̯ ɪst ˈʃvɪndlɪç]

**Мене нудить.**
Mir ist schlecht.
[miːɐ̯ ɪst ʃlɛçt]

**У мене болить зуб.**
Ich habe Zahnschmerzen.
[ɪç ˈhaːbə ˈtsaːnˌʃmɛʁtsn̩]

**Я почуваю себе трохи краще.**
Ich fühle mich etwas besser.
[ɪç ˈfyːlə mɪç ˈɛtvas ˈbɛsɐ]

**Симптоми** - *Symptome*

**У мене перелом.**
Ich habe einen Bruch.
[ɪç ˈhaːbə ˈaɪ̯nən bʀʊχ]

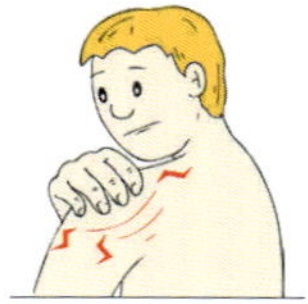

**У мене розтягнення.**
Ich habe eine Zerrung.
[ɪç ˈhaːbə ˈaɪ̯nə ˈʦɛʀʊŋ]

**У мене забій.**
Ich habe eine Prellung.
[ɪç ˈhaːbə ˈaɪ̯nə ˈpʀɛlʊŋ]

**У мене рана.**
Ich habe eine Wunde.
[ɪç ˈhaːbə ˈaɪ̯nə ˈvʊndə]

**У мене шишка.**
Ich habe eine Beule.
[ɪç ˈhaːbə ˈaɪ̯nə ˈbɔɪ̯lə]

**У мене нарив.**
Ich habe ein Furunkel.
[ɪç ˈhaːbə aɪ̯n fuˈʀʊŋkl̩]

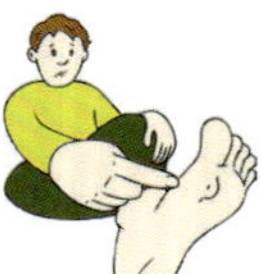

**У мене пухир.**
Ich habe eine Blase.
[ɪç ˈhaːbə ˈaɪ̯nə ˈblaːzə]

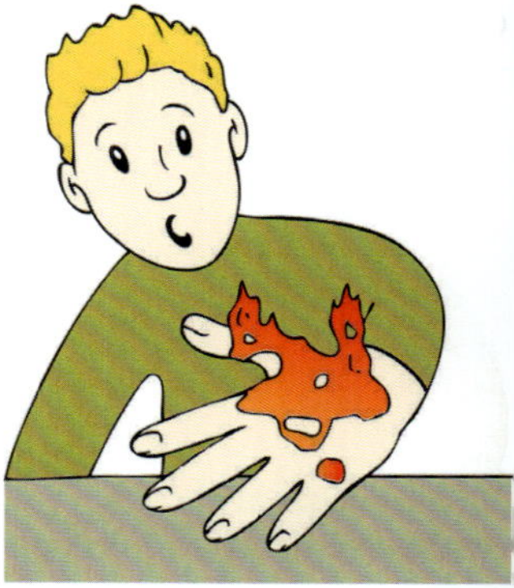

**У мене опік.**
Ich habe eine Verbrennung.
[ɪç ˈhaːbə ˈaɪ̯nə ˌfɛɐ̯ˈbʀɛnʊŋ]

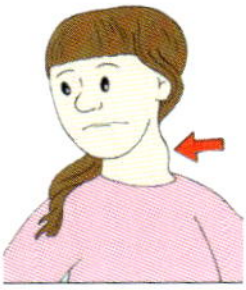

**У мене пухлина.**
Ich habe eine Schwellung.
[ɪç 'haːbə 'aɪ̯nə 'ʃvɛlʊŋ]

**У мене поріз.**
Ich habe eine Schnittwunde.
[ɪç 'haːbə 'aɪ̯nə 'ʃnɪtˌvʊndə]

**У мене подряпина.**
Ich habe einen Kratzer.
[ɪç 'haːbə 'aɪ̯nən 'kʀaʦɐ]

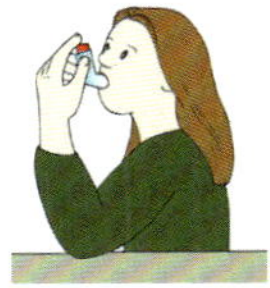

**У мене астма.**
Ich habe Asthma.
[ɪç 'haːbə 'astma]

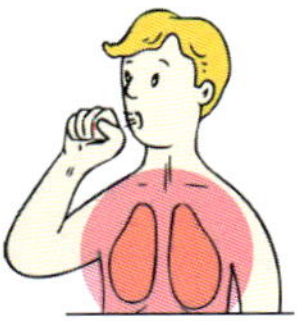

**У мене пневмонія.**
Ich habe eine Lungenentzündung.
[ɪç 'haːbə 'aɪ̯nə 'lʊŋənʔɛntˌʦʏndʊŋ]

**У мене часто болить голова.**
Ich kriege oft Kopfschmerzen.
[ɪç 'kʀiːgə ɔft 'kɔpfʃmɛʁʦn̩]

**У мене грип.**
Ich habe Grippe.
[ɪç 'haːbə 'gʀɪpə]

**У мене бронхіт.**
Ich habe eine Bronchitis.
[ɪç 'haːbə 'aɪ̯nə ˌbʀɔn'çiːtɪs]

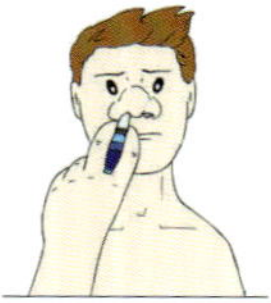

**У мене нежить.**
Ich habe Schnupfen.
[ɪç 'ha:bə 'ʃnʊpfn̩]

**У мене закладений ніс.**
Ich habe eine verstopfte Nase.
[ɪç 'ha:bə 'aɪ̯nə ˌfɛɐ̯'ʃtɔpftə 'na:zə]

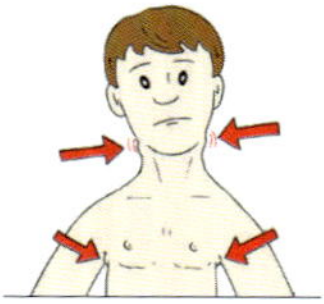

**У мене збільшилися лімфатичні вузли.**
Meine Lymphknoten sind geschwollen.
['maɪ̯nə 'lʏmfˌkno:tən zɪnt ˌgə'ʃvɔlən]

**У мене діарея.**
Ich habe Durchfall.
[ɪç 'ha:bə 'dʊʁçˌfal]

**У мене запор.**
Ich habe Verstopfung.
[ɪç 'ha:bə ˌfɛɐ̯'ʃtɔpfʊŋ]

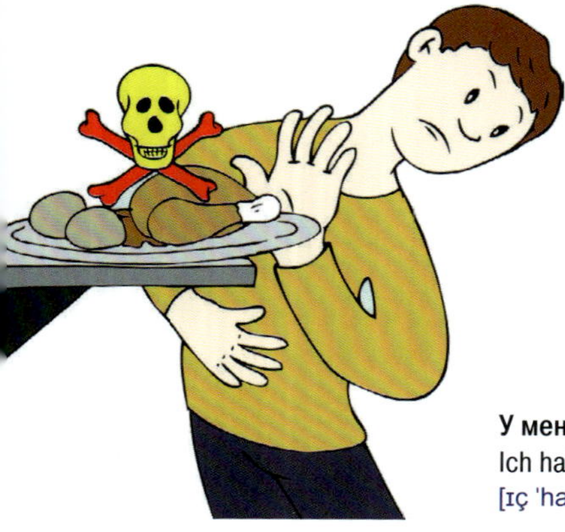

**У мене геморой.**
Ich habe Hämorrhoiden.
[ɪç 'ha:bə ˌhɛmɔ'ʁoi:dn̩]

**У мене харчове отруєння.**
Ich habe eine Lebensmittelvergiftung.
[ɪç 'ha:bə 'aɪ̯nə 'le:bn̩smɪtl̩fɛɐ̯ˌgɪftʊŋ]

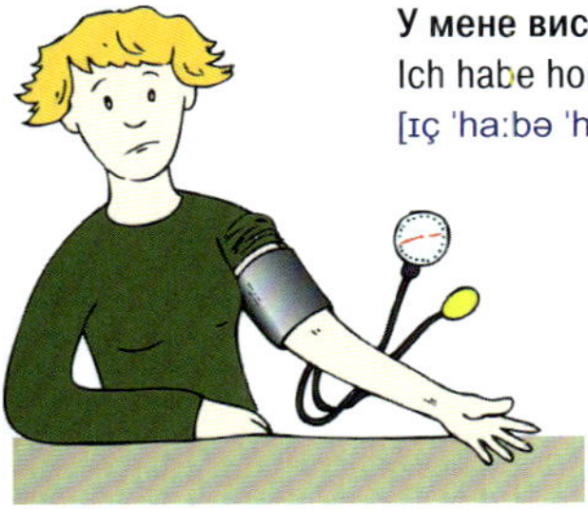

**У мене високий тиск.**
Ich habe hohen Blutdruck.
[ɪç ˈhaːbə ˈhoːən ˈbluːtˌdʀʊk]

**У мене висип.**
Ich habe Hautausschlag.
[ɪç ˈhaːbə ˈhau̯tˌʔau̯sʃlaːk]

**Різкий біль.**
Es ist ein stechender Schmerz.
[ɛs ɪst ai̯n ˈʃtɛçn̩dɐ ʃmɛʁt͡s]

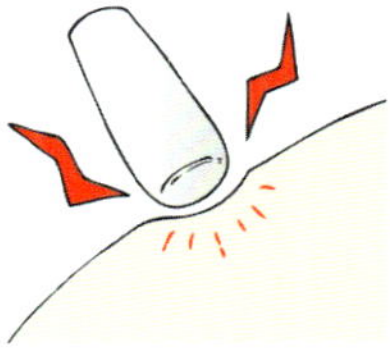

**Тупий біль.**
Es ist ein dumpfer Schmerz.
[ɛs ɪst ai̯n ˈdʊmpfɐ ʃmɛʁt͡s]

**Більше болить вночі.**
Nachts tut es mehr weh.
[naχt͡s tuːt ɛs meːɐ̯ veː]

**Болить постійно.**
Es tut ständig weh.
[ɛs tuːt ˈʃtɛndɪk ˈʃtɛndɪç veː]

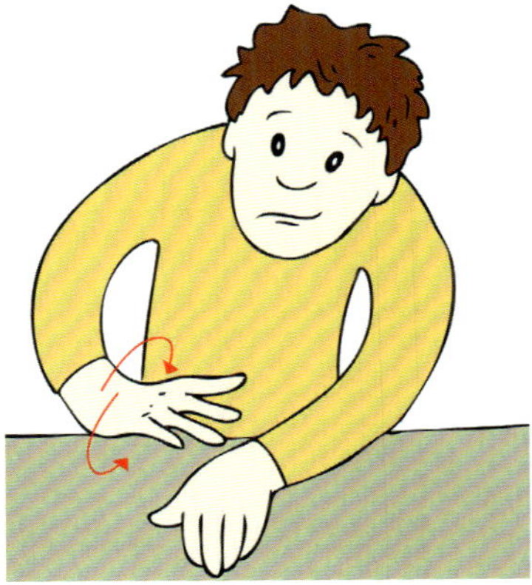

**Болить час від часу.**
Es tut nur hin und wieder weh.
[ɛs tuːt nuːɐ̯ hitt ʊnt ˈviːdɐ veː]

**Симптоми** - *Symptome*

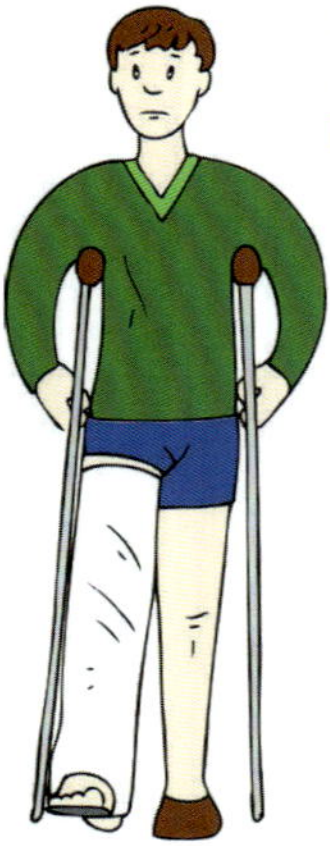

**Я зламав ногу.**
Ich habe mir das Bein gebrochen.
[ɪç 'ha:bə mi:ɐ̯ das baɪ̯n gə'bʀɔχn̩]

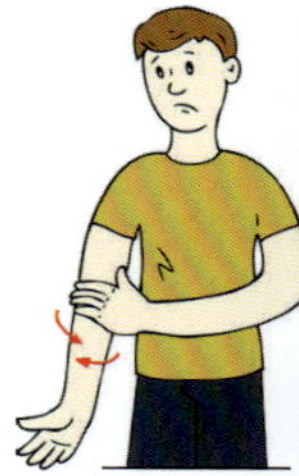

**Я вивихнув руку.**
Ich habe mir den Arm verrenkt.
[ɪç 'ha:bə mi:ɐ̯ de:n aʁm fɛɐ̯'ʀɛŋkt]

**Я зламав руку.**
Ich habe mir den Arm gebrochen.
[ɪç 'ha:bə mi:ɐ̯ de:n aʁm gə'bʀɔχn̩]

**Я вивихнув палець на руці.**
Ich habe mir den Finger verrenkt.
[ɪç 'ha:bə mi:ɐ̯ de:n 'fɪŋɐ fɛɐ̯'ʀɛŋkt]

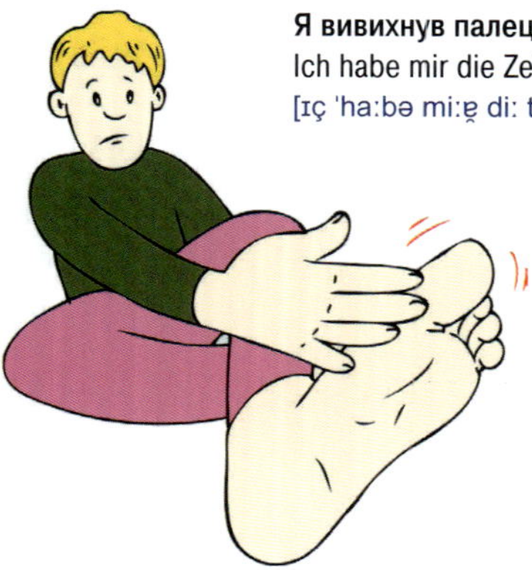

**Я вивихнув палець на нозі.**
Ich habe mir die Zehe verrenkt.
[ɪç 'ha:bə mi:ɐ̯ di: tse:ə fɛɐ̯'ʀɛŋkt]

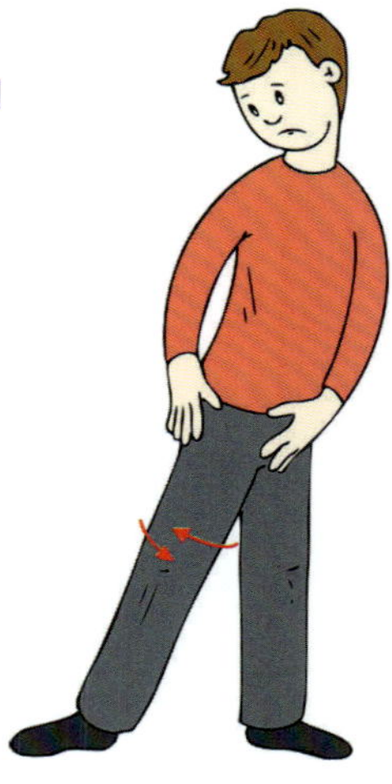

**Я вивихнув ногу.**
Ich habe mir das Bein verrenkt.
[ɪç 'ha:bə mi:ɐ̯ das baɪ̯n fɛɐ̯'ʀɛŋkt]

**Я вдарився головою.**
Ich habe mir meinen Kopf gestoßen.
[ɪç ˈhaːbə miːɐ̯ ˈmaɪ̯nən kɔpf ɡəˈʃtoːsn̩]

**Я вдарився долонею.**
Ich habe mir meine Hand gestoßen.
[ɪç ˈhaːbə miːɐ̯ ˈmaɪ̯nə hant ɡəˈʃtoːsn̩]

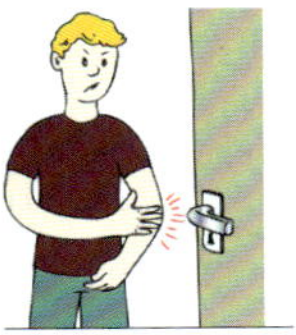

**Я розтягнув щиколотку.**
Ich habe mir den Fuß verstaucht.
[ɪç ˈhaːbə miːɐ̯ deːn fuːs fɛɐ̯ˈʃtaʊ̯χt]

**Я вдарився рукою.**
Ich habe mir meinen Arm gestoßen.
[ɪç ˈhaːbə miːɐ̯ ˈmaɪ̯nən aʁm ɡəˈʃtoːsn̩]

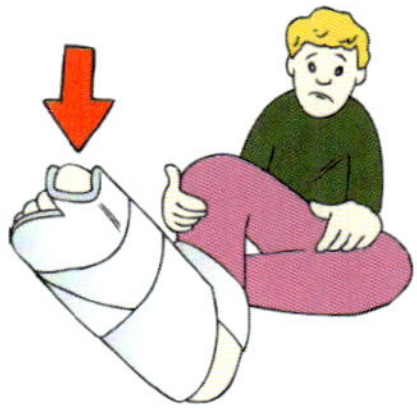

**Я зламав палець на нозі.**
Ich habe mir die Zehe gebrochen.
[ɪç ˈhaːbə miːɐ̯ diː tseːə ɡəˈbʀɔχn̩]

**Я вдарився коліном.**
Ich habe mir mein Knie gestoßen.
[ɪç ˈhaːbə miːɐ̯ maɪ̯n kniː ɡəˈʃtoːsn̩]

**Я зламав палець на руці.**
Ich habe mir den Finger gebrochen.
[ɪç ˈhaːbə miːɐ̯ deːn ˈfɪŋɐ ɡəˈbʀɔχn̩]

**Симптоми** - *Symptome*

**Щось потрапило мені в око.**
Mir ist etwas ins Auge gekommen.
[miːɐ̯ ɪst ˈɛtvas ɪns ˈaʊ̯gə ˌgəˈkɔmən]

**Я страждаю від безсоння.**
Ich leide an Schlaflosigkeit.
[ɪç ˈlaɪ̯də an ˈʃlaːfloːzɪçˌkaɪ̯t]

**У мене проблеми з серцем.**
Ich habe ein Herzproblem.
[ɪç ˈhaːbə aɪ̯n ˈhɛʁtspʁoˌbləm]

**Я хворий на діабет.**
Ich bin Diabetiker.
[ɪç bɪn ˌdiaˈbeːtikɐ]

**Я втрачаю вагу.**
Ich verliere ständig am Gewicht.
[ɪç ˌfɛɐ̯ˈliːʁə ˈʃtɛndɪç am gəˈvɪçt]

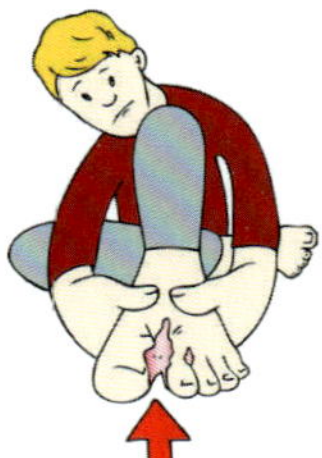

**У мене запущений грибок.**
Ich habe einen schlimmen Fall von Fußpilz.
[ɪç ˈhaːbə ˈaɪ̯nən ˈʃlɪmən fal fɔn ˈfuːsˌpɪlʦ]

**Мене вкусили.**
Ich wurde gebissen.
[ɪç ˈvʊʁdə gəˈbɪsn̩]

**Мене закачує на воді.**
Ich bin seekrank.
[ɪç bɪn 'ze:ˌkʀaŋk]

**Мене закачує в машині.**
Ich bin reisekrank.
[ɪç bɪn 'ʀaɪ̯zəˌkʀaŋk]

**Симптоми (Корисні слова)**

**біль** ........................ Schmerz [ʃmɛʁts]
**застуда** ........................ Erkältung [ɛɐ̯'kɛltʊŋ]
**кашель** ........................ Husten ['hu:stn̩]
**біль у горлі** ........................ Halsschmerzen ['halsˌʃmɛʁtsn̩]
**запаморочення** ........................ Schwindel ['ʃvɪndl̩]
**озноб** ........................ Schüttelfrost ['ʃʏtl̩ˌfʀɔst]
**грип** ........................ Grippe ['gʀɪpə]
**нарив** ........................ Furunkel [fu'ʀʊŋkl̩]
**перелом** ........................ Bruch [bʀʊχ]
**розтягнення** ........................ Zerrung ['t͡sɛʀʊŋ]
**пухир** ........................ Blase ['bla:zə]
**рана** ........................ Wunde ['vʊndə]
**забій, синець** ........................ Prellung ['pʀɛlʊŋ]
**шишка** ........................ Beule ['bɔɪ̯lə]
**опік** ........................ Verbrennung [fɛɐ̯'bʀɛnʊŋ]
**поріз** ........................ Schnittwunde ['ʃnɪtˌvʊndə]
**подряпина** ........................ Kratzer ['kʀat͡sɐ]
**пухлина** ........................ Schwellung ['ʃvɛlʊŋ]
**висип** ........................ Hautausschlag ['haʊ̯tˌʔaʊ̯sʃla:k]
**укус комахи** ........................ Insektenstich [ɪn'zɛktn̩ˌʃtɪç]
**прострiл** ........................ Genickstarre [gə'nɪkˌʃtaʀə]
**біль в області живота** ........................ Unterleibsschmerzen ['ʊntɐlaɪ̯psˌʃmɛʁtsn̩]
**менструальні спазми** ........................ Menstruationskrämpfe [mɛnstʀua't͡si̯o:nsˌkʀɛmpfə]
**головний біль** ........................ Kopfschmerzen ['kɔpfˌʃmɛʁtsn̩]
**мігрень** ........................ Migräne [mi'gʀɛ:nə]

**Візит до лікаря.** - *Arztbesuch*

**Я хочу записатися на прийом.**
Ich möchte einen Termin ausmachen.
[ɪç 'mœçtə 'a͜ɪnən tɛʁ'mi:n 'a͜ʊsˌmaχn̩]

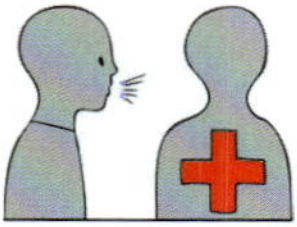

**Мені потрібно до лікаря.**
Ich möchte einen Arzt sprechen.
[ɪç 'mœçtə 'a͜ɪnən a:ɐ̯tst 'ʃpʀɛçn̩]

**Коли приймає лікар?**
Wann sind die Sprechzeiten?
[van zɪnt di: 'ʃpʀɛçˌtsa͜ɪtn̩]

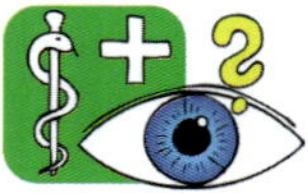

**Де найближчий офтальмолог?**
Wo ist der nächste Augenarzt?
[vo: ɪst de:ɐ̯ 'nɛ:çstə 'a͜ʊgənˌʔa:ɐ̯tst]

**Де найближчий лор-лікар?**
Wo ist der nächste Hals-Spezialist?
[vo: ɪst de:ɐ̯ 'nɛ:çstə 'halsʃpetsi̯aˌlɪst]

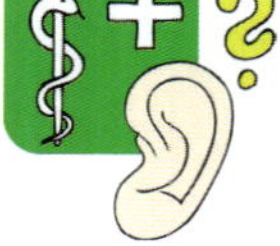

**Де найближчий лор-лікар?**
Wo ist der nächste Ohrenarzt?
[vo: ɪst de:ɐ̯ 'nɛ:çstə 'o:ʀənˌʔa:ɐ̯tst]

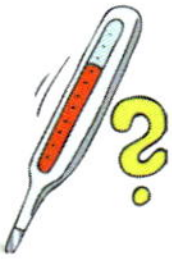

**Яка у мене температура?**
Wie hoch ist meine Temperatur?
[viː hoːχ ɪst 'maɪ̯nə ˌtɛmpəʀa'tuːɐ̯]

**Чи довго я буду одужувати?**
Wie lange wird es dauern, bis ich wieder gesund bin?
[viː 'laŋə vɪʁt ɛs 'daʊ̯ɐn bɪs ɪç 'viːdɐ gə'zʊnt bɪn]

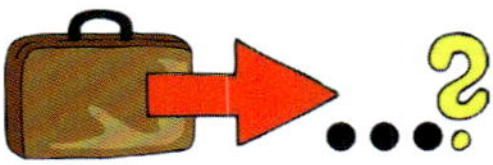

**Мені можна продовжувати подорож?**
Kann ich meine Reise fortsetzen?
[kan ɪç 'maɪ̯nə 'ʀaɪ̯zə 'fɔʁtˌzɛtsn̩]

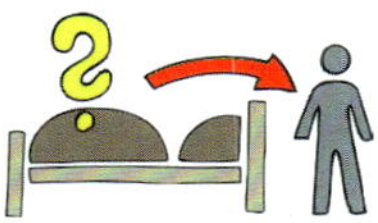

**Мені можна вставати з ліжка?**
Darf ich schon aus dem Bett aufstehen?
[daʁf ɪç ʃoːn aʊ̯s deːm bɛt 'aʊ̯fʃteːən]

**Повідомте мою родину, будь ласка.**
Können Sie bitte meine Familie informieren?
['kœnən ziː 'bɪtə 'maɪ̯nə ˌfa'miːli̯ə ˌɪnfɔʁ'miːʀən]

**Це заразливе?**
Ist es ansteckend?
[ɪst ɛs 'anʃtɛkn̩t]

**Це небезпечно?**
Ist es gefährlich?
[ɪst ɛs ˌgə'fɛːɐ̯lɪç]

**Візит до лікаря.** - *Arztbesuch*

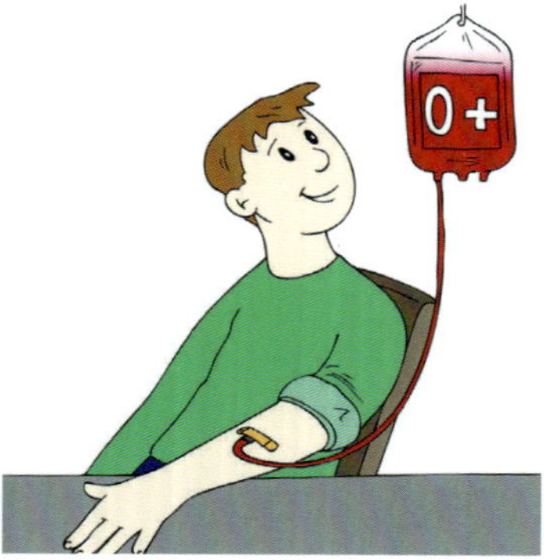


**У мене перша група крові, резус позитивний.**
Meine Blutgruppe ist 0 positiv.
['maɪ̯nə 'blu:tˌgʀʊpə ɪst nʊl 'po:ziˌti:f]

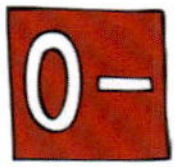


**У мене перша група крові, резус негативний.**
Meine Blutgruppe ist 0 negativ.
['maɪ̯nə 'blu:tˌgʀʊpə ɪst nʊl 'ne:gaˌti:f]

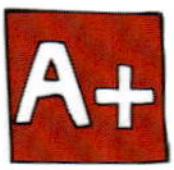


**У мене друга група крові, резус негативний.**
Meine Blutgruppe ist A negativ.
['maɪ̯nə 'blu:tˌgʀʊpə ɪst a: 'ne:gaˌti:f]

**У мене друга група крові, резус позитивний.**
Meine Blutgruppe ist A positiv.
['maɪ̯nə 'blu:tˌgʀʊpə ɪst a: 'po:ziˌti:f]

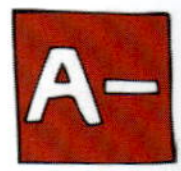

**У мене третя група крові, резус негативний.**
Meine Blutgruppe ist B negativ.
['maɪ̯nə 'blu:tˌgʀʊpə ɪst be: 'ne:gaˌti:f]

**У мене третя група крові, резус позитивний.**
Meine Blutgruppe ist B positiv.
['maɪ̯nə 'blu:tˌgʀʊpə ɪst be: 'po:ziˌti:f]

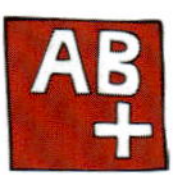


**У мене четверта група крові, резус негативний.**
Meine Blutgruppe ist AB negativ.
['maɪ̯nə 'blu:tˌgʀʊpə ɪst a:be: 'ne:gaˌti:f]

**У мене четверта група крові, резус позитивний.**
Meine Blutgruppe ist AB positiv.
['maɪ̯nə 'blu:tˌgʀʊpə ɪst a:be: 'po:ziˌti:f]

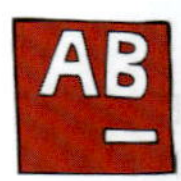

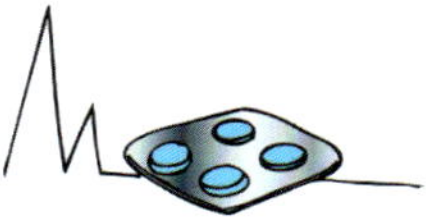

**Можете дати мені щось болезаспокійливе?**
Können Sie mir etwas Schmerzstillendes geben?
['kœnən zi: mi:ɐ̯ 'ɛtvas ʃmɛʁts'ʃtɪlən̩dəs 'ge:bn̩]

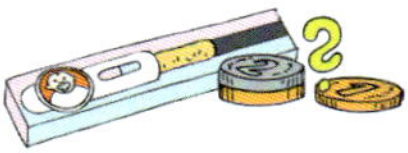

**Скільки потрібно заплатити за аналіз?**
Wie viel wird dieser Test kosten?
[vi: fi:l vɪʁt 'di:zɐ tɛst 'kɔstn̩]

**Я короткозорий.**
Ich bin kurzsichtig.
[ɪç bɪn 'kʊʁts͜ˌzɪçtɪç]

**Я далекозорий.**
Ich bin weitsichtig.
[ɪç bɪn 'vaɪ̯tˌzɪçtɪç]

**Я приймаю ось ці ліки.**
Ich nehme diese Medizin.
[ɪç 'ne:mə 'di:zə ˌmedi'tsi:n]

**Я на дієті.**
Ich bin auf Diät.
[ɪç bɪn aʊ̯f di'ɛ:t]

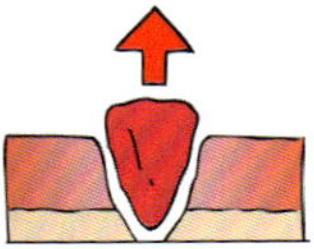

**Я раніше лікувався від виразки.**
Ich hatte vor Kurzem eine Geschwürbehandlung.
[ɪç 'hatə fo:ɐ̯ 'kʊʁtsəm 'aɪ̯nə gəʃvy:ɐ̯bəˌhandlʊŋ]

**Випишіть мені, будь ласка, рецепт на транквілізатор.**
Könnten Sie mir bitte ein Rezept für ein Beruhigungsmittel ausschreiben?
['kœntn̩ zi: mi:ɐ̯ 'bɪtə aɪ̯n ʀe'tsɛpt fy:ɐ̯ aɪ̯n bə'ʀu:ɪgʊŋsˌmɪtl̩ 'aʊ̯sʃʀaɪ̯bn̩]

**Візит до лікаря.** - *Arztbesuch*

**Я вагітна.**
Ich bin schwanger.
[ɪç bɪn 'ʃvaŋɐ]

**Де тут рентген-кабінет?**
Wo ist der Röntgenraum?
[vo: ɪst de:ɐ̯ 'ʁœntgn̩ˌʁaʊ̯m]

**Мені потрібно зробити рентген.**
Ich muss mich röntgen lassen.
[ɪç mʊs mɪç 'ʁœntgn̩ 'lasn̩]

**У мене затримка.**
Ich habe einmal meine Regel nicht bekommen.
[ɪç 'ha:bə 'aɪ̯nma:l 'maɪ̯nə 'ʁe:gl nɪçt ˌbə'kɔmən]

## Візит до лікаря (Корисні слова)

| | |
|---|---|
| **прийом** | Termin [tɛʁ'mi:n] |
| **огляд** | Untersuchung [ʊntɐ'zu:χʊŋ] |
| **рецепт** | Rezept [ʁe'tsɛpt] |
| **лікування** | Behandlung [bə'handlʊŋ] |
| **аналіз** | Analyse [ana'ly:zə] |
| **рентген** | Röntgenuntersuchung ['ʁœntgn̩ʊntɐzu:χʊŋ] |
| **медичний огляд** | ärztliche Untersuchung ['ɛ:ɐ̯tstlɪçə ʊntɐ'zu:χʊŋ] |
| **медсестра/медбрат** | Krankenschwester ['kʁaŋkn̩ˌʃvɛstɐ] |
| **розлад шлунку** | Verdauungsstörung [fɛɐ̯'daʊ̯ʊŋsˌʃtø:ʁʊŋ] |
| **інфекція** | Infektion [ɪnfɛk'tsi̯o:n] |
| **нудота** | Übelkeit ['y:bl̩kaɪ̯t] |
| **інфекція сечових шляхів** | Harnwegsinfektion ['haʁnˌve:ksɪnfɛkˌtsi̯o:n] |
| **венеричне захворювання** | Geschlechtskrankheit [gə'ʃlɛçtsˌkʁaŋkhaɪ̯t] |
| **глисти** | Würmer ['vʏʁmɐ] |
| **артрит** | Arthritis [ar'tri:tɪs] |
| **аналіз (проба)** | Probe ['pʁo:bə] |
| **астма** | Asthma ['astma] |
| **бронхіт** | Bronchitis [bʁɔn'çi:tɪs] |
| **алергія** | Allergie [ˌalɛʁ'gi:] |
| **хвороба серця** | Herzkrankheit ['hɛʁtsˌkʁaŋkhaɪ̯t] |

**Стоматолог** - *Zahnarzt*

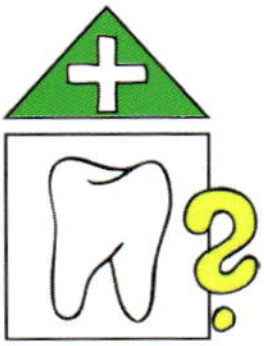

**Де тут стоматологічна поліклініка?**
Wo ist die nächste Zahnklinik?
[vo: ɪst di: ˈnɛ:çstə ˈʦa:nˌkli:nɪk]

**У мене випала пломба.**
Mir ist eine Füllung rausgefallen.
[mi:ɐ̯ ɪst ˈaɪ̯nə ˈfʏlʊŋ ˈʀaʊ̯sgəˌfalən]

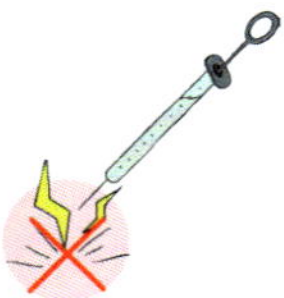

**Будь ласка, зробіть що-небудь - дуже болить.**
Tun Sie bitte etwas gegen die Schmerzen.
[tu:n zi: ˈbɪtə ˈɛtvas ˈge:gn̩ di: ˈʃmɛʁʦn̩]

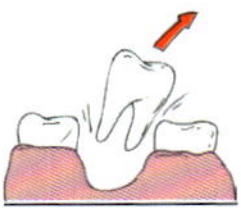

**У мене випав зуб.**
Mir ist ein Zahn rausgefallen.
[mi:ɐ̯ ɪst aɪ̯n ʦa:n ˈʀaʊ̯sgəˌfalən]

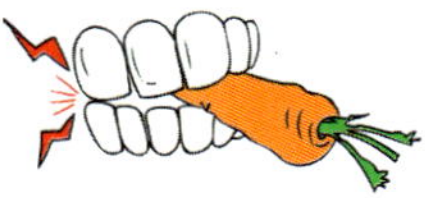

**Боляче, коли жую.**
Es tut beim Kauen weh.
[ɛs tu:t baɪ̯m ˈkaʊ̯ən ve:]

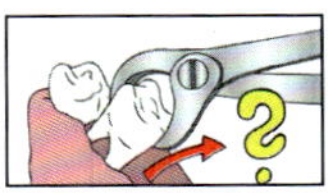

**Потрібно видаляти?**
Ist es nötig, diesen Zahn zu ziehen?
[ɪst ɛs ˈnø:tɪç ˈdi:zən ʦa:n ʦu: ˈʦi:ən]

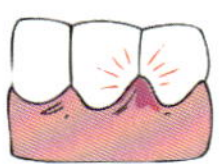

**У мене болять ясна.**
Mein Zahnfleisch tut weh.
[maɪ̯n ˈʦa:nflaɪ̯ʃ tu:t ve:]

**Поставте мені коронку, будь ласка.**
Machen Sie bitte ein Krone für diesen Zahn.
[ˈmaχn̩ zi: ˈbɪtə aɪ̯n ˈkʀo:nə fy:ɐ̯ ˈdi:zən ʦa:n]

**Не видаляйте мені цей зуб.**
Bitte ziehen Sie ihn nicht.
[ˈbɪtə ˈʦi:ən zi: i:n nɪçt]

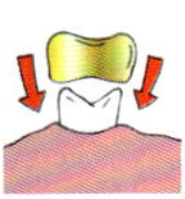

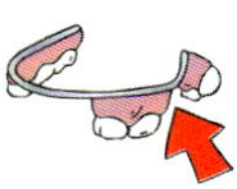

**Полагодьте мені зубний протез, будь ласка.**
Können Sie meine Zahnprothese reparieren?
[ˈkœnən zi: ˈmaɪ̯nə ˈʦa:npʀoˌte:zə ˌʀepaˈʀi:ʀən]

**Будь ласка, викличте лікаря.**
Bitte rufen Sie einen Arzt.
['bɪtə 'ʀu:fn̩ zi: 'aɪ̯nən a:ɐ̯tst]

**Будь ласка, викличте швидку.**
Bitte rufen Sie einen Krankenwagen.
['bɪtə 'ʀu:fn̩ zi: aɪ̯nən 'kʀaŋkn̩ˌva:gn̩]

**У нього серйозні травми.**
Er ist schwer verletzt.
[e:ɐ̯s ɪst ʃve:ɐ̯ fɛɐ̯'lɛtst]

**Він непритомний.**
Er ist bewusstlos.
[e:ɐ̯s ɪst ˌbə'vʊstlo:s]

**Допоможіть мені дістатися до лікарні.**
Bringen Sie mich in ein Krankenhaus!
['bʀɪŋən zi: mɪç ɪn aɪ̯n 'kʀaŋkn̩ˌhaʊ̯s]

**У мене кровотеча.**
Ich blute.

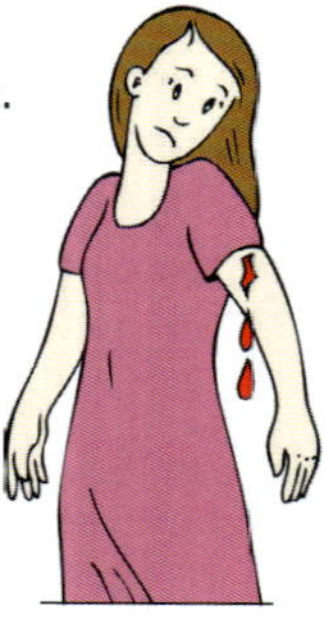

**У неї кровотеча.**
Sie blutet.

**У нього кровотеча.**
Er blutet.
[e:ɐ̯s 'blu:tət]

**Мене збила машина.**
Ich wurde von einem Auto angefahren.
[ɪç 'vʊʁdə fɔn 'aɪ̯nəm 'aʊ̯to 'angəˌfa:ʀən]

**Я впав зі сходів.**
Ich bin die Treppe heruntergefallen.
[ɪç bɪn di: 'tʀɛpə hɛ'ʁʊntɐgəˌfalən]

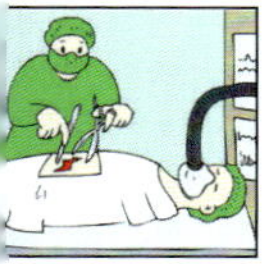

**Мені потрібна операція?**
Muss ich operiert werden?
[mʊs ɪç opə'ʀi:ɐ̯t 've:ɐ̯dn̩]

**Я втратив багато крові.**
Ich habe viel Blut verloren.
[ɪç 'ha:bə fi:l blu:t ˌfɛɐ̯'lo:ʀən]

**Ось мій поліс медичного страхування.**
Hier ist meine Krankenversicherungskarte.
[hi:ɐ̯ ɪst 'maɪ̯nə 'kʀaŋkn̩fɛɐ̯ˌzɪçəʀʊŋsˌkaʁtə]

**Мені буде потрібен місцевий наркоз?**
Brauche ich eine Lokalbetäubung?
['bʀaʊ̯χə ɪç 'aɪ̯nə lo'ka:lˌbəˌtɔɪ̯bʊŋ]

**Я маю залишатися у лікарні?**
Muss ich im Krankenhaus bleiben?
[mʊs ɪç ɪm 'kʀaŋkn̩ˌhaʊ̯s 'blaɪ̯bm̩]

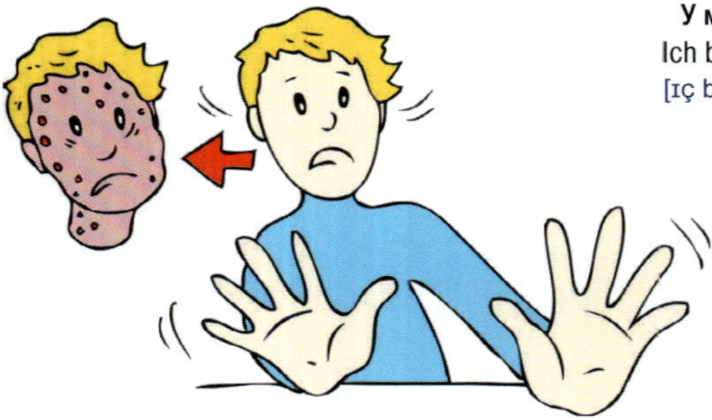

**У мене алергія на пеніцилін.**
Ich bin allergisch gegen Penizillin.
[ɪç bɪn aˈlɛʁɡɪʃ ˈɡeːɡn̩ ˌpenit͡sɪˈliːn]

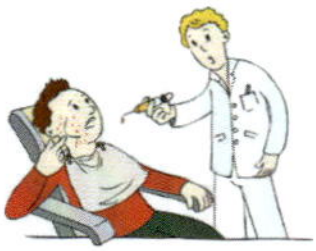

**У мене реакція на новокаїн.**
Ich habe eine Reaktion auf Novocain.
[ɪç ˈhaːbə ˈaɪ̯nə ˌʁeakˈt͡si̯oːn aʊ̯f ˌnɔvɔˈkaiːn]

**У мене алергія на антибіотики.**
Ich bin allergisch gegen Antibiotika.
[ɪç bɪn aˈlɛʁɡɪʃ ˈɡeːɡn̩ ˌantiˈbi̯oːtika]

**Я приймав ці таблетки.**
Ich habe diese Tabletten genommen.
[ɪç ˈhaːbə ˈdiːzə taˈblɛtn̩ ˌɡəˈnɔmən]

**У мене немає алергії на ліки.**
Ich bin gegen keine Medikamente allergisch.
[ɪç bɪn ˈɡeːɡn̩ ˈkaɪ̯nə ˌmedikaˈmɛntə aˈlɛʁɡɪʃ]

**Я епілептик.**
Ich bin Epileptiker.
[ɪç bɪn ˌepiˈlɛptikɐ]

**Я алергік.**
Ich bin Allergiker.
[ɪç bɪn aˈlɛʁɡikɐ]

**Я інвалід.**
Ich bin behindert.
[ɪç bɪn ˌbəˈhɪndɐt]

**О котрій відкривається аптека?**
Wann öffnet die Apotheke?
[van 'œfnət di: ˌapo'te:kə]

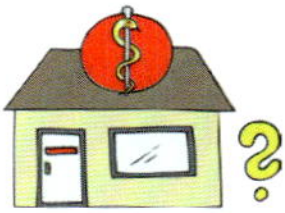

**О котрій закривається аптека?**
Wann schließt die Apotheke?
[van ʃli:st di: ˌapo'te:kə]

**Де найближча цілодобова аптека?**
Wo ist die nächste Nachtapotheke?
[vo: ɪst di: 'nɛ:çstə 'naχtapoˌte:kə]

**На ці ліки потрібен рецепт?**
Brauche ich dafür ein Rezept?
['bʀaʊ̯χə ɪç da'fy:ɐ̯ aɪ̯n ʀe'ʦɛpt]

**Ви можете виготовити ліки за цим рецептом?**
Können Sie ein Medikament nach diesem Rezept vorbereiten?
['kœnən zi: aɪ̯n ˌmedika'mɛnt na:χ 'di:zəm ʀe'ʦɛpt 'fo:ɐ̯bəˌʀaɪ̯tən]

**Мені зачекати?**
Soll ich warten?
[zɔl ɪç 'vaʁtən]

**Я повернуся за ним.**
Ich komme wieder und hole es ab.
[ɪç 'kɔmə 'vi:dɐ ʊnt 'ho:lə ɛs ap]

**Аптека (Корисні слова)**

| | |
|---|---|
| **термін придатності** | Verfallsdatum [fɛɐ̯'fals,da:tʊm] |
| **Тільки для зовн. застосування** | Nur für äußere Anwendung [nu:ɐ̯ fy:ɐ̯ 'ɔɪ̯səʀə 'anvɛndʊŋ] |
| **внутрішньовенне** | intravenös [ɪntʀave'nø:s] |
| **ректальне** | rektal [ʀɛk'ta:l] |
| **оральне** | oral [o'ʀa:l] |
| **чайна ложка** | Teelöffel ['te:,lœfl̩] |
| **дозування** | Dosierung [do'zi:ʀʊŋ] |
| **таблетка** | Tablette [ta'blɛtə] |
| **таблетка в оболонці** | Dragée [dʀa'ʒe:] |
| **розчинні таблетки** | Brausetabletten ['bʀaʊ̯zəta,blɛtn̩] |
| **капсула** | Kapsel ['kapsl̩] |
| **ампула** | Ampulle [am'pʊlə] |
| **краплі** | Tropfen ['tʀɔpfn̩] |
| **мазь** | Salbe ['zalbə] |
| **мікстура** | Mixtur [mɪks'tu:ɐ̯] |
| **сироп** | Sirup ['zi:ʀʊp] |
| **свічка** | Zäpfchen ['ʦɛpfçn̩] |
| **порошок** | Puder ['pu:dɐ] |
| **розчин** | Lösung ['lø:zʊŋ] |
| **суспензія** | Suspension [zu'zpaŋ,zi̯o:n] |
| **крем** | Creme [kʀɛ:m] |
| **засіб** | Heilmittel ['haɪ̯lmɪtl̩] |
| **ліки** | Medikament [medika'mɛnt] |
| **болезаспокійливе** | Schmerzmittel ['ʃmɛʁʦ,mɪtl̩] |
| **анальгетик** | Analgetikum [anal'ge:tikʊm] |
| **транквілізатор** | Beruhigungsmittel [bə'ʀu:ɪgʊŋs,mɪtl̩] |
| **послаблююче** | Abführmittel ['apfy:ɐ̯,mɪtl̩] |
| **заспокійливе** | Sedativum [zeda'ti:vʊm] |
| **снодійне** | Schlafmittel ['ʃla:f,mɪtl̩] |
| **замінник аспірину** | Aspirin-Ersatz [,aspi'ʀi:nɛɐ̯,zaʦ] |
| **краплі проти кашлю** | Hustentropfen ['hu:stn̩,tʀɔpfn̩] |
| **краплі для вуха** | Ohrtropfen ['o:ɐ̯,tʀɔpfn̩] |
| **краплі для очей** | Augentropfen ['aʊ̯gn̩,tʀɔpfn̩] |

**Можна давати ці ліки дітям?**
Ist es für Kinder geeignet?
[ɪst ɛs fyːɐ̯ ˈkɪndɐ ˌgəˈʔaɪ̯gnət]

**Скільки разів на день потрібно приймати ці ліки?**
Wie oft soll ich die Medizin einnehmen?
[viː ɔft zɔl ɪç diː mediˈʦiːn ˌaɪ̯nˈneːmən]

**Ці ліки мають побічні ефекти?**
Hat dieses Medikament irgendwelche Nebenwirkungen?
[hat ˈdiːzəs ˌmedikaˈmɛnt ˈɪʁgn̩tˌvɛlçə ˈneːbn̩ˌvɪʁkʊŋən]

**Як приймати ці ліки?**
Wie soll ich diese Medizin einnehmen?
[viː zɔl ɪç ˈdiːzə mediˈʦiːn ˌaɪ̯nˈneːmən]

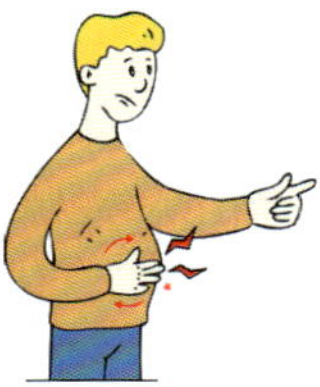

**Можна попросити що-небудь від розладу шлунку?**
Kann ich etwas gegen Magenverstimmung bekommen?
[kan ɪç ˈɛtvas ˈgeːgn̩ ˈmaːgn̩fɛɐ̯ʃtɪmʊŋ ˌbəˈkɔmən]

**Можна попросити що-небудь від діареї?**
Kann ich etwas gegen Durchfall bekommen?
[kan ɪç ˈɛtvas ˈgeːgn̩ ˈdʊʁçˌfal ˌbəˈkɔmən]

**На голодний шлунок?**
Auf leeren Magen?
[aʊ̯f ˈleːʁən ˈmaːgn̩]

**Після їжі?**
Nach dem Essen?
[naːχ deːm ˈɛsn̩]

**Перед їжою?**
Vor dem Essen?
[foːɐ̯ deːm ˈɛsn̩]

**Під час їжі?**
Mit dem Essen?
[mɪt deːm ˈɛsn̩]

**аптека** - *Apotheke*

**Можна попросити що-небудь від похмілля?**
Kann ich etwas gegen einen Kater bekommen?
[kan ɪç 'ɛtvas 'ge:gn̩ 'aɪ̯nən 'ka:tɐ ˌbə'kɔmən]

**Можна попросити що-небудь від закачування?**
Kann ich etwas gegen Reisekrankheit bekommen?
[kan ɪç 'ɛtvas 'ge:gn̩ 'ʀaɪ̯zəˌkʀaŋkhaɪ̯t ˌbə'kɔmən]

**Можна попросити що-небудь від сонячного опіку?**
Kann ich etwas gegen einen Sonnenbrand bekommen?
[kan ɪç 'ɛtvas 'ge:gn̩ 'aɪ̯nən 'zɔnənˌbʀant ˌbə'kɔmən]

**Можна попросити що-небудь від укусів комах?**
Kann ich etwas gegen Insektenstiche bekommen?
[kan ɪç 'ɛtvas 'ge:gn̩ ɪn'zɛktn̩ʃtɪçə ˌbə'kɔmən]

**Можна попросити що-небудь від сінної лихоманки?**
Kann ich etwas gegen Heuschnupfen bekommen?
[kan ɪç 'ɛtvas 'ge:gn̩ 'hɔɪ̯ʃnʊpfn̩ ˌbə'kɔmən]

**Можна попросити що-небудь від кашлю?**
Kann ich etwas gegen Husten bekommen?
[kan ɪç 'ɛtvas 'ge:gn̩ 'hu:stn̩ bə'kɔmən]

**Можна попросити що-небудь від болі в горлі?**
Kann ich etwas gegen Halsschmerzen bekommen?
[kan ɪç 'ɛtvas 'ge:gn̩ 'halsʃmɛʁtsn̩ ˌbə'kɔmən]

**Можна попросити що-небудь від застуди?**
Kann ich etwas gegen Erkältung bekommen?
[kan ɪç 'ɛtvas 'ge:gn̩ ɛɐ̯'kɛltʊŋ ˌbə'kɔmən]

**Дайте мені, будь ласка, аспірин.**
Bitte geben Sie mir etwas Aspirin.
['bɪtə 'ge:bn̩ zi: mi:ɐ̯ 'ɛtvas ˌaspi'ʀi:n]

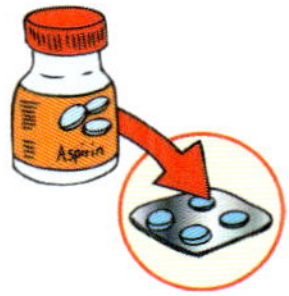

**Дайте мені, будь ласка, антисептичний крем.**
Bitte geben Sie mir eine antiseptische Creme.
['bɪtə 'ge:bn̩ zi: mi:ɐ̯ 'aɪ̯nə ˌanti'zɛptɪʃə kʀɛ:m]

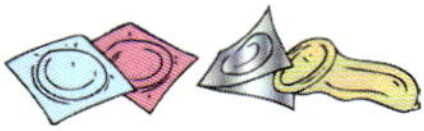

**Дайте мені, будь ласка, презервативи.**
Bitte geben Sie mir Kondome.
['bɪtə 'ge:bn̩ zi: mi:ɐ̯ ˌkɔn'do:mə]

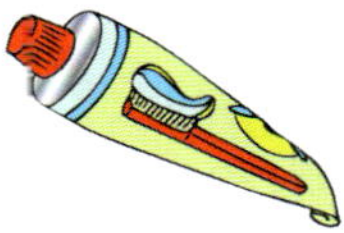

**Дайте мені, будь ласка, зубну пасту.**
Bitte geben Sie mir Zahnpasta.
['bɪtə 'ge:bn̩ zi: mi:ɐ̯ 'ʦa:nˌpasta]

**Дайте мені, будь ласка, серветки.**
Bitte geben Sie mir Taschentücher.
['bɪtə 'ge:bn̩ zi: mi:ɐ̯ 'taʃn̩ˌty:çɐ]

**Дайте мені, будь ласка, засіб проти комах.**
Bitte geben Sie mir ein Insektenschutzmittel.
['bɪtə 'ge:bn̩ zi: mi:ɐ̯ aɪ̯n ɪn'zɛktn̩ʃʊʦˌmɪtl̩]

аптека - *Apotheke*

**Аптека (Корисні слова)**

рідина для стерилізації . . . . . . Desinfektionslösung [dɛsʔɪnfɛkˈt͡si̯oːnsˌløːzʊŋ]
таблетки проти алергії . . . . . . . Anti-Allergie-Tabletten [ˈantialɛʁˌgiːtaˌblɛtən]
протиастматичний інгалятор . . Asthma-Spray [ˈastmaʃpʀeː]
клізма . . . . . . . . . . . . . . . . . . . Einlauf [ˈaɪ̯nˌlaʊ̯f]
градусник . . . . . . . . . . . . . . . . Thermometer [tɛʁmoˈmeːtɐ]
пластир. . . . . . . . . . . . . . . . . . Heftpflaster [ˈhɛftˌpflastɐ]
зволожуючий крем . . . . . . . . . . Feuchtigkeitscreme [ˈfɔɪ̯çtɪçkaɪ̯tsˌkʀɛːm]
крем для рук. . . . . . . . . . . . . . . Handcreme [ˈhantˌkʀeːm]
бальзам для губ . . . . . . . . . . . . Lippensalbe/Lippenbalsam [ˈlɪpn̩ˌzalbə / ˈlɪpn̩ˌbalzaːm]
дезодорант. . . . . . . . . . . . . . . . Deodorant [deʔodoˈʀant]
зубна нитка. . . . . . . . . . . . . . . . Zahnseide [ˈt͡saːnˌzaɪ̯də]
зубна щітка. . . . . . . . . . . . . . . . Zahnbürste [ˈt͡saːnˌbʏʁstə]
крем/лосьон для засмаги . . . . Sonnencreme/Lotion [ˈzɔnənˌkʀɛːm / loˌt͡si̯oːn]
лосьон після засмаги . . . . . . . . AfterSun-Lotion [ˈɑːftəˌsʌn loˈtsi̯oːn]
засіб проти засмаги . . . . . . . . . Sonnenblocker [ˈzɔnənˌblɔkɐ]
сонцезахисний фактор. . . . . . . Lichtschutzfaktor [ˈlɪçtʃʊt͡sˌfaktoːɐ̯]
леза для бритви . . . . . . . . . . . . Rasierklingen [ʀaˈziːɐ̯klɪŋən]
лосьйон після гоління. . . . . . . . Aftershave [ˈaːftɐʃeːf]
туалетний папір . . . . . . . . . . . . Toilettenpapier [to̯aˈlɛtn̩paˌpiːɐ̯]
мило . . . . . . . . . . . . . . . . . . . . Seife [ˈzaɪ̯fə]
гігієнічні серветки . . . . . . . . . . Damenbinden [ˈdaːmənˌbɪndn̩]
тампони . . . . . . . . . . . . . . . . . . Tampons [ˈtampoːns]
гребінець . . . . . . . . . . . . . . . . . Kamm [kam]
кондиціонер . . . . . . . . . . . . . . . Haarspülung [ˈhaːɐ̯ʃpyːlʊŋ]
мус . . . . . . . . . . . . . . . . . . . . . . Schaumfestiger [ˈʃaʊ̯mˌfɛstɪgɐ]
лак для волосся . . . . . . . . . . . . Haarspray [ˈhaːɐ̯ʃpʀeː]
шампунь . . . . . . . . . . . . . . . . . . Shampoo [ˈʃampu]
дитяче харчування . . . . . . . . . . Babynahrung [ˈbeːbiˌnaːʀʊŋ]
підгузники . . . . . . . . . . . . . . . . Windeln [ˈvɪndl̩n]

# САЛОН КРАСИ
# SCHÖNHEITSPFLEGE

**Скільки мені доведеться чекати?**
Wie lange werde ich warten müssen?
[viː ˈlaŋə ˈveːɐ̯də ɪç ˈvaʁtən ˈmʏsn̩]

**Можна записатися на стрижку?**
Ich möchte einen Termin zum Haareschneiden ausmachen.
[ɪç ˈmœçtə ˈaɪ̯nən tɛʁˈmiːn tsʊm ˈhaːʁəʃnaɪ̯dn̩ ˈaʊ̯sˌmaχn̩]

**Де можна зачекати?**
Wo kann ich mich für eine Weile hinsetzen?
[voː kan ɪç mɪç fyːɐ̯ ˈaɪ̯nə ˈvaɪ̯lə ˈhɪnˌzɛt͡sn̩]

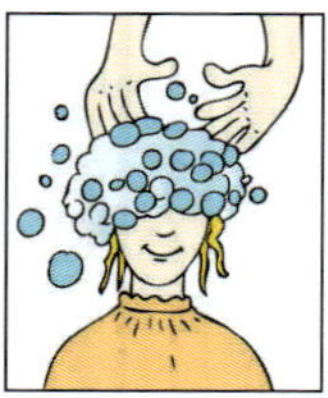

**Я хочу помити голову.**
Ich möchte eine Haarwäsche.
[ɪç ˈmœçtə ˈaɪ̯nə ˈhaːɐ̯ˌvɛʃə]

**Я хочу зробити укладку.**
Ich möchte eine Frisur.
[ɪç ˈmœçtə ˈaɪ̯nə ˌfʁiˈzuːɐ̯]

**Я хочу підстригтися.**
Ich möchte einen Haarschnitt.
[ɪç ˈmœçtə ˈaɪ̯nən ˈhaːɐ̯ʃnɪt]

**Я хочу коротку стрижку.**
Ich möchte einen kurzen Haarschnitt.
[ɪç ˈmœçtə ˈaɪ̯nən ˈkʊʁt͡sn̩ ˈhaːɐ̯ʃnɪt]

**Я хочу, щоб мені пофарбували волосся.**
Ich möchte meine Haare färben lassen.
[ɪç ˈmœçtə ˈmaɪ̯nə ˈhaːʁə ˈfɛʁbn̩ ˈlasn̩]

**Я хочу, щоб мені завили волосся.**
Ich möchte meine Haare wellen lassen.
[ɪç ˈmœçtə ˈmaɪ̯nə ˈhaːʁə ˈvɛlən ˈlasn̩]

**Не надто коротко.**
Nicht zu kurz.
[nɪçt t͡suː kʊʁt͡s]

**Підстрижіть коротше, будь ласка.**
Bitte schneiden Sie es kurz.
[ˈbɪtə ˈʃnaɪ̯dn̩ ziː ɛs kʊʁt͡s]

**Вимийте мені волосся і зробіть укладку.**
Bitte waschen und stylen Sie mein Haar.
[ˈbɪtə ˈvaʃn̩ ʊnt ˈstaɪ̯lən ziː maɪ̯n haːɐ̯]

**Щадну хімію, будь ласка.**
Bitte eine leichte Dauerwelle.
[ˈbɪtə ˈaɪ̯nə ˈlaɪ̯çtə ˈdaʊ̯ɐˌvɛlə]

**Будь ласка, підстрижіть трохи кінчики.**
Schneiden Sie nur ein wenig die Spitzen.
[ˈʃnaɪ̯dn̩ ziː nuːɐ̯ aɪ̯n ˈveːnɪç diː ˈʃpɪt͡sən]

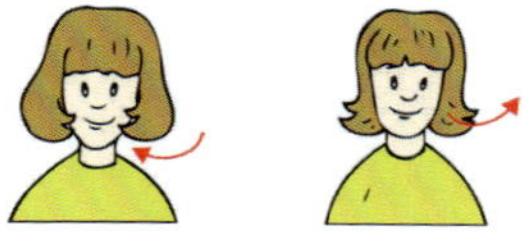

**Будь ласка, кінчиками всередину.**
Bitte locken Sie die Enden nach innen.
['bɪtə 'lɔkn̩ ziː diː 'ɛndn̩ naːχ 'ɪnən]

**Будь ласка, кінчиками назовні.**
Bitte locken Sie die Enden nach außen.
['bɪtə 'lɔkn̩ ziː diː 'ɛndn̩ naːχ 'au̯sn̩]

**Зробіть мені, будь ласка, проділ справа.**
Bitte machen Sie mir einen Scheitel auf der rechten Seite.
['bɪtə 'maχn̩ ziː miːɐ̯ 'aɪ̯nən 'ʃaɪ̯tl̩ au̯f deːɐ̯ 'ʀɛçtn̩ 'zaɪ̯tə]

**Зробіть мені, будь ласка, прямий проділ.**
Bitte machen Sie mir einen Scheitel in der Mitte.
['bɪtə 'maχn̩ ziː miːɐ̯ 'aɪ̯nən 'ʃaɪ̯tl̩ ɪn deːɐ̯ 'mɪtə]

**Зафіксуйте укладку лаком.**
Bitte fixieren Sie die Frisur mit Haarspray.
['bɪtə fɪ'ksiːʀən ziː diː ˌfʀi'zuːɐ̯ mɪt 'haːɐ̯ʃpʀeː]

**Без лаку, будь ласка.**
Bitte ohne Haarspray.
['bɪtə 'oːnə 'haːɐ̯ʃpʀeː]

**З мусом, будь ласка.**
Bitte verwenden Sie Schaumfestiger.
['bɪtə fɛɐ̯'vɛndn̩ fɛɐ̯'vɛndən ziː 'ʃau̯mˌfɛstɪgɐ]

**Підрівняйте мені, будь ласка, бороду.**
Bitte schneiden Sie meinen Bart zurecht.
['bɪtə 'ʃnai̯dn̩ ziː 'mai̯nən baːɐ̯t tsu'ʀɛçt]

**Підрівняйте мені, будь ласка, вуса.**
Bitte schneiden Sie meinen Schnurrbart zurecht.
['bɪtə 'ʃnai̯dn̩ ziː 'mai̯nən 'ʃnʊʁˌbaːɐ̯t tsu'ʀɛçt]

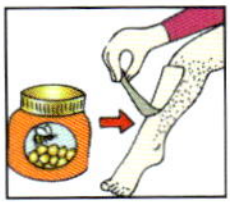

**Я хочу зробити епіляцію воском.**
Ich möchte eine Wachsepilation.
[ɪç 'mœçtə 'ai̯nə 'vaksepilaˌtsi̯oːn]

**Я хотів би зробити масаж голови.**
Ich möchte eine Kopfhautmassage bitte.
[ɪç 'mœçtə 'ai̯nə 'kɔpfˌhau̯tmaˌsaːʒə 'bɪtə]

**Я хочу зробити маску на обличчя.**
Ich möchte eine Gesichtspflege.
[ɪç 'mœçtə 'ai̯nə gə'zɪçtsˌpfleːgə]

## Перукарня (Корисні слова)

**перукарня** . . . . . . . . . . . . . . . Frisörsalon [fʀi'zøːɐ̯ˌsalɔn]
**салон краси** . . . . . . . . . . . . . Schönheitssalon ['ʃøːnhai̯tszaˌlõː]
**стиліст** . . . . . . . . . . . . . . . . . Stylist [fʀi'zøːɐ̯]
**макіяж** . . . . . . . . . . . . . . . . . Make-up ['meːkʔap]
**мелірування** . . . . . . . . . . . . . Strähnchen ['ʃtʀɛːnçən]
**кучері** . . . . . . . . . . . . . . . . . . Locken ['lɔkn̩]
**хвилі** . . . . . . . . . . . . . . . . . . . Wellen ['vɛlən]
**гривка** . . . . . . . . . . . . . . . . . . Pony ['pɔni]
**фарбування** . . . . . . . . . . . . . Färbung ['fɛʁbʊŋ]
**спа** . . . . . . . . . . . . . . . . . . . . . Spa [ʃpaː]
**лікування волосся** . . . . . . . . Haarpflege ['haːɐ̯ˌpfleːgə]
**карвінг** . . . . . . . . . . . . . . . . . Carving ['kɑrvɪŋ]
**нарощування нігтів** . . . . . . . . Nagelverlängerung ['naːglfɛɐ̯ˌlɛŋəʀʊŋ]

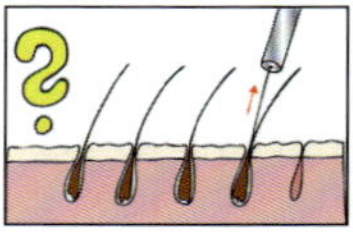

**У вас в салоні роблять епіляцію?**
Machen Sie Haarentfernungen?
['maχn̩ zi: 'ha:ɐ̯ɛnt͵fɛʁnʊŋən]

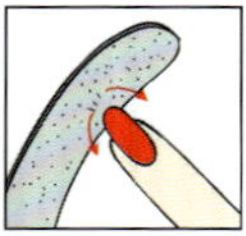

**Зробіть мені, будь ласка, манікюр.**
Bitte feilen Sie meine Nägel und bringen Sie sie in Form.
['bɪtə 'fai̯lən zi: 'mai̯nə 'nɛ:gl ʊnt 'bʁɪŋən zi: zi: ɪn fɔʁm]

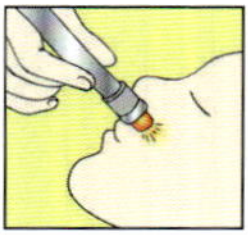

**Я хотів би, щоб мені зробили чистку обличчя.**
Ich möchte eine Hautbehandlung haben.
[ɪç 'mœçtə 'ai̯nə 'hau̯tbə͵handlʊŋ 'ha:bən]

**Інше (Корисні слова)**

**класичний манікюр** .......... klassische Maniküre ['klasɪʃə mani'ky:rə]
**педікюр** .................... Pediküre [pedi'ky:rə]
**відновлення нігтів** .......... Nagelreparatur ['na:glʀepaʀa͵tu:ɐ̯]
**чистка** ...................... Gesichtsbehandlung [gə'zɪçʦbə͵handlʊŋ]
**епіляція** .................... Epilation [epila'tsi̯o:n]
**маска** ...................... Maske ['maskə]
**масаж** ...................... Massage [ma'sa:ʒə]
**пілінг** ...................... Peeling ['pi:lɪŋ]

# ВИКЛИК ПОЛІЦІЇ
# DIE POLIZEI RUFEN

**Допоможіть!**
Hilfe!
[ˈhɪlfə]

**Це терміново!**
Es ist dringend!
[ɛs ɪst ˈdʀɪŋənt]

**Негайно викличте поліцію .**
Bitte rufen Sie sofort die Polizei.
[ˈbɪtə ˈʀuːfn̩ ziː zoˈfɔʁt diː ˌpoliˈt͡sa͜ɪ]

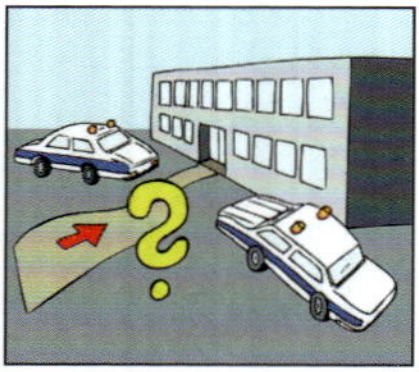

**Де найближче відділення поліції?**
Wo ist das nächste Polizeirevier?
[voː ɪst das ˈnɛːçstə ˌpoliˈt͡sa͜ɪʀeˌviːɐ̯]

**На мене напали.**
Ich wurde angegriffen.
[ɪç ˈvʊʁdə ˈangəˌgʀɪfn̩]

**Мене пограбували.**
Ich wurde beraubt.
[ɪç ˈvʊʁdə bəˈʀa͜ʊpt]

**Я хочу повідомити про нещасний випадок.**
Ich möchte einen Unfall melden.
[ɪç ˈmœçtə ˈaɪ̯nən ˈʊnfal ˈmɛldn̩]

**Я хочу повідомити про пограбування.**
Ich möchte einen Raubüberfall melden.
[ɪç ˈmœçtə ˈaɪ̯nən ˈʀaʊ̯pˌy:bɐ̯ˌfal ˈmɛldn̩]

**Я хочу повідомити про напад.**
Ich möchte einen Angriff melden.
[ɪç ˈmœçtə ˈaɪ̯nən ˈanˌgʀɪf ˈmɛldn̩]

**Я хочу повідомити про згвалтування.**
Ich möchte eine Vergewaltigung melden.
[ɪç ˈmœçtə ˈaɪ̯nə ˌfɛɐ̯gəˈvaltɪgʊŋ ˈmɛldn̩]

**Напишіть, будь ласка, заяву про крадіжку.**
Bitte füllen Sie eine Diebstahl-Anzeige aus.
[ˈbɪtə ˈfʏlən zi: ˈaɪ̯nə ˈdi:pʃta:lʔanˌʦaɪ̯gə aʊ̯s]

**Чи можна мені отримати дублікат?**
Kann er neu ausgestellt werden?
[kan eːɐ̯ nɔɪ̯ ˈaʊ̯sgəʃtɛlt ˈveːɐ̯dn̩]

**Я загубив паспорт.**
Ich habe meinen Reisepass verloren.
[ɪç ˈhaːbə ˈmaɪ̯nən ˈʀaɪ̯zəˌpas ˌfɛɐ̯ˈloːʀən]

**Я загубив квиток.**
Ich habe meine Fahrkarte verloren.
[ɪç ˈhaːbə ˈmaɪ̯nə ˈfaːɐ̯ˌkaʁtə ˌfɛɐ̯ˈloːʀən]

**Я загубив багаж.**
Ich habe mein Gepäck verloren.
[ɪç ˈhaːbə maɪ̯n gəˈpɛk ˌfɛɐ̯ˈloːʀən]

**Я загубив барсетку.**
Ich habe meine Handtasche verloren.
[ɪç ˈhaːbə ˈmaɪ̯nə ˈhantˌtaʃə ˌfɛɐ̯ˈloːʀən]

**Де бюро знахідок?**
Wo ist das Fundbüro?

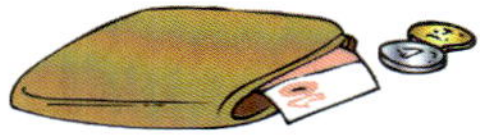

**У мене вкрали гаманець.**
Mein Portemonnaie wurde gestohlen.
[ma͜ɪn pɔʁtmɔˈneː ˈvʊʁdə ˌɡəˈʃtoːlən]

**У мене вкрали камеру.**
Meine Kamera wurde gestohlen.
[ˈma͜ɪnə ˈkaməʁa ˈvʊʁdə ˌɡəˈʃtoːlən]

**У мене вкрали годинник.**
Meine Armbanduhr wurde gestohlen.
[ˈma͜ɪnə ˈaʁmbantˌʔuːɐ̯ ˈvʊʁdə ˌɡəˈʃtoːlən]

**У мене вкрали багаж.**
Mein Gepäck wurde gestohlen.
[ma͜ɪn ɡəˈpɛk ˈvʊʁdə ˌɡəˈʃtoːlən]

**У мене вкрали квиток.**
Meine Fahrkarte wurde gestohlen.
[ˈma͜ɪnə ˈfaːɐ̯ˌkaʁtə ˈvʊʁdə ˌɡəˈʃtoːlən]

**У мене вкрали паспорт.**
Mein Reisepass wurde gestohlen.
[ma͜ɪn ˈʁa͜ɪzəˌpas ˈvʊʁdə ˌɡəˈʃtoːlən]

**У мене вкрали барсетку.**
Meine Handtasche wurde gestohlen.
[ˈma͜ɪnə ˈhantˌtaʃə ˈvʊʁdə ˌɡəˈʃtoːlən]

**Мені потрібен перекладач.**
Ich brauche einen Dolmetscher.
[ɪç ˈbʀaʊ̯χə ˈaɪ̯nən ˈdɔlmɛtʃɐ]

**Я маю зателефонувати своєму адвокату.**
Ich muss meinen Anwalt anrufen.
[ɪç mʊs ˈmaɪ̯nən ˈanvalt ˈanˌʀuːfn̩]

**Я маю зателефонувати у посольство.**
Ich muss die Botschaft anrufen.
[ɪç mʊs diː ˈboːtʃaft ˈanˌʀuːfn̩]

**Я маю зателефонувати родичам.**
Ich muss meine Verwandten anrufen.
[ɪç mʊs ˈmaɪ̯nə fɛɐ̯ˈvantn̩ ˈanˌʀuːfn̩]

**Я маю зателефонувати друзям.**
Ich muss meine Freunde anrufen.
[ɪç mʊs ˈmaɪ̯nə ˈfʀɔɪ̯ndə ˈanˌʀuːfn̩]

# Wörterverzeichnis

| | |
|---|---|
| *adj* | Adjektiv |
| *adv* | Adverb |
| *art* | Artikel |
| *konj* | Konjunktion |
| *part* | Partikel |
| *num* | Zahlwort |
| *prep* | Präposition |
| *pron* | Pronomen |
| *v* | Verb |

## A

# G

# M



# N

## T

# Z